T0244069

¿QUIÉN COÑO SOY?

M

Papel certificado por el Forest Stewardship Council®

Primera edición: septiembre de 2024
Primera reimpresión: septiembre de 2024

© 2023, Corina Randazzo La Gamma (@corinarandazzo)
© 2024, Penguin Random House Grupo Editorial, S. A. U.
Travessera de Gràcia, 47-49. 08021 Barcelona

La primera edición de *¿Quién coño soy?* se publicó en diciembre de 2023, con diseño
de Fran Ávila @brush_willis y corrección de Marcela Sequeda @marcelasequeda.

Penguin Random House Grupo Editorial apoya la protección de la propiedad intelectual. La propiedad
intelectual estimula la creatividad, defiende la diversidad en el ámbito de las ideas y el conocimiento, promueve la
libre expresión y favorece una cultura viva. Gracias por comprar una edición autorizada de este libro y por respetar
las leyes de propiedad intelectual al no reproducir ni distribuir ninguna parte de esta obra por ningún medio sin
permiso. Al hacerlo está respaldando a los autores y permitiendo que PRHGE continúe publicando libros para todos
los lectores. De conformidad con lo dispuesto en el artículo 67.3 del Real Decreto Ley 24/2021, de 2 de noviembre,
PRHGE se reserva expresamente los derechos de reproducción y de uso de esta obra y de todos sus elementos
mediante medios de lectura mecánica y otros medios adecuados a tal fin. Diríjase a CEDRO (Centro Español
de Derechos Reprográficos, http://www.cedro.org) si necesita reproducir algún fragmento de esta obra.

Printed in Spain — Impreso en España

ISBN: 978-84-10050-89-1
Depósito legal: B-10.401-2024

Compuesto en Grafime, S. L.
Impreso en Liberdúplex, S. L.
Sant Llorenç d'Hortons (Barcelona)

GT 5089A

Corina Randazzo

¿QUIÉN COÑO SOY?

LA GUÍA QUE NECESITAS PARA APRENDER A QUERERTE

Montena

Tú primero, el mundo después.

«Corina Randazzo se abre en canal para compartir su propio viaje de autoconocimiento. En este libro se desnuda emocionalmente para compartir aquellas reflexiones y herramientas que le han servido a lo largo de su proceso de transformación personal. Felicidades por este ejercicio de honestidad, vulnerabilidad y autenticidad».

Borja Vilaseca
Escritor, emprendedor social
y agitador de conciencias

Escapar de lo conocido para conocerte,
conversar con desconocidos para entenderte,
viajar lejos del ruido para encontrarte
y escuchar tu silencio para sentirte.
Porque estar lejos de todo te empuja a mirar dentro, encontrar tu sosiego
y vivir despierto.

Corina Randazzo

Índice

Índice

PARTE IV. PIERDE EL TEMOR A ESTAR SOLA

Presentación de la autora

Leona, con ascendente en piscis y luna en capri (saquen sus propias conclusiones). Cabezota por naturaleza (de esas que «el que la sigue, la consigue»). Soñadora, de las que vive más entre nubes y a veces hay que bajarla a tierra. Loca, pero «de las lindas», como dicen en su Argentina natal. Natural, sin apariencias, sin filtros, ni medias tintas. Incapaz de no decir lo que piensa. Intensa y apasionada, de todo o nada, de ahora o nunca. Libre, sin ataduras. Intuitiva. Amante de la naturaleza (cuando la busques, seguramente la encuentres bien cerquita del mar). Protectora de los suyos. Justiciera de todos. En contra de lo socialmente establecido. Disruptiva. Mamá de dos bebas, «sus gatas» (y de cualquier animal que pueda rescatar). Bailarina frustrada, con complejo de «negra urbana». Salsera. Amiga y confidente de algunos, amante de pocos. Psicóloga y *coach* de todo el que decida escucharla. Audaz, valiente y brava. Segura, fiel y mandona. Calma y tormenta. Auténtica y real. Hecha a sí misma. Emprendedora de sus negocios conscientes y otros tantos sueños aún en construcción. Ella primero y el mundo después. El cielo se queda corto. El alma… muy grande. ¡Dejémonos de presentaciones y abramos el telón!

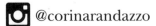 @corinarandazzo

 corinarandazzooficial

Nahir Randazzo La Gamma

Agradecimientos

No estaba segura sobre si añadir agradecimientos. Pues quizás me llevaría otro libro completo. Mencionar y reconocer a todas aquellas personas que de forma consciente y, en la mayoría de los casos, de forma inconsciente me ayudaron a crecer, a aprender y a ser hoy quien soy… no tiene cabida en un par de páginas. Así que sintetizaré y lo haré priorizando por el pico más alto en la escala de mis mayores maestros de vida.

Ellos no podrían ser otros que mis padres: **Gabriel Julio Randazzo La Gamma y Claudia María Teresita La Gamma** (mi madre me matará por revelar aquí su infumable nombre, evidentemente no elegido por voluntad propia, pero siento hacer este reconocimiento por ella y por todo nuestro clan femenino, cuyos nombres vamos olvidando por el camino sin ser conscientes de lo que existe detrás de cada alma enterrada en el olvido).

Así que, mamá, empezaré por ti y lo haré en representación de todas las mujeres que forman parte de nuestro linaje y por las cuales hoy estamos tú y yo aquí.

Mamá, TE PIDO PERDÓN y TE DOY LAS GRACIAS.

Te pido perdón por no haber sido capaz de ver el amor infinito que existe en ti hasta no haberlo reconocido en mí primero. Te pido perdón por todas las veces que no te escuché y que no te permití ejercer como madre, pues en ese entonces tampoco me escuchaba a mí misma ni me permitía ser cuidada. Te pido perdón por alejarme, por desaparecer, por aislarme en mis propios torbellinos de emociones sin compartir mis dolores contigo… Perdóname, mamá, por ocultar mis heridas sin permitirte que me ayudes a sanarlas, cuando solo con dejarte entrar y en compañía de tu presencia quizás ya hubiese sido suficiente… Te pido perdón por no decir más veces en alto lo mucho que te amo, te admiro y te siento, por no gritar a los cuatro vientos lo orgullosa que estoy de que seas mi madre y de ser yo un trocito de ti.

Gracias, mamá, por ser el espejo a través del cual reconozco muchos de mis miedos. Gracias por ser la «oveja negra» que decidió romper con los patrones, programas y creencias arrastradas del clan y poder ser yo quien te preceda.

Siempre tan valiente, tan clara, tan temperamental… Tan segura que asusta y tan tajante que acobarda. Siempre tan única, tan especial, tan soñadora… Tan amante de todo lo que decide hacer y tan pasota y olvidadiza de todo aquello que no le interesa…

Tan guerrera, fiel, honesta, vulnerable, emocional, protectora, exigente, cabezota, mandona, terca y jodidamente inspiradora. Así eres mami. Así soy. Así somos.

Te amo, te admiro, te reconozco y te siento.

Gracias, mamá.

Querido papá, admito que tu parte me costará un poquito más. No porque no me broten las emociones, las palabras y los recuerdos al narrar esta breve carta de confesiones. Sino porque será la primera vez que leas una de ellas. Pues fueron muchas las que te escribí, en mi proceso de sanación personal, durante estos últimos años de crecimiento espiritual. Sé que para vos siempre seré tu loquita linda, tu pato criollo, tu brujita, la que dice «cosas sin sentido» y que seguramente seguiré diciéndolas. Y es que, aunque muchas veces sientas que no hablamos el mismo idioma, sé con total certeza lo mucho que nos amamos, nos admiramos y nos protegemos el uno al otro.

Mi querido papuchi, TE PIDO PERDÓN y TE DOY LAS GRACIAS.

Te pido perdón porque en muchas ocasiones no fui capaz de reconocer tus progresos, tu lucha interna, tus sacrificios y todos los avances hechos en tu vida para que hoy tus hijos estemos donde estamos y seamos quienes somos. Te pido perdón por ser una hija tocapelotas, exigente y bastante insistente en «mejorar» la vida de los demás, sin respetar los procesos de quienes deciden vivir de forma diferente. Te pido perdón por intentar darte constantes lecciones de vida cuando las verdaderas lecciones me las diste siempre vos con tus ejemplos, tus constantes esfuerzos y tu noble corazón en todo lo que haces.

Te doy las gracias, papi. Por ser mi maestro, por mostrarme el camino de la constancia, la disciplina y el esfuerzo, con tu ejemplo. Por enseñarme que detrás de cada «fracaso» solo queda una opción: LEVANTARTE CON MÁS FUERZA Y VOLVER A INTENTARLO.

Gracias, papá, por ser espejo de humildad, de compromiso y de responsabilidad sobre cada acción que decidiste tomar. Gracias, papi, por tu valentía…, por emigrar de país con tres hijos pequeños, aun estando cagado de miedo, por seguir tu instinto en cada emprendimiento que se te ocurrió experimentar, por levantarte después de cada «fracaso», por liderar los grandes cambios a los que nuestra familia ha tenido que enfrentarse, por ser ese fiel amigo en quien confiar, pues sabes que nunca va a fallarte, por transmitirnos seguridad y claridad en momentos en los que hemos estado algo perdidos y, sobre todo, por ser guía y mentor de mis emprendimientos más locos. Pues si algo saqué de ti fue tu tremenda pasión, ilusión y tenacidad por todo aquello que decides hacer y tu enorme enojo y desinterés por aquello que no vibra contigo. Tu nobleza es mi nobleza. Y si por algo me siento tremendamente orgullosa de que seas mi papá, sin duda, es por tu enorme, fiel y noble corazón... (algo con lo que he tenido que aprender a lidiar durante muchos años, pues un gran corazón debe ser primero entregado a una misma. Algo de lo que aún sigo aprendiendo y de lo que mucho hablo en este libro...). Gracias, papá, por ser quien sos. Mi maestro, mi mentor, mi guía, mi motor.

Este libro es para los dos.

Te amo, papu.

Prólogo de Sergio Fernández

LAS PREGUNTAS IMPORTANTES

Vayamos al grano: tienes un libro inspirador entre manos. Verás, cada año me ofrecen prologar decenas de libros. Y cada año decido no prologar decenas de libros. Lo que suele pasar es que leo unas páginas y digo que no porque me aburre, porque me duermo o porque no me inspira nada. Entonces cada uno sigue con su vida y el mundo sigue girando. En esto de prologar libros también sigo el principio de decir que no a casi todo para poder decir que sí a lo poco que es importante.

Pero, cuando Corina me pidió este prólogo, sucedió algo curioso. Empecé a leer su libro y encontré algo que no encuentro en la mayoría de los libros, una mezcla entre autenticidad e inspiración.

Encontré ese duende que tienen algunos textos, ese algo que no se puede fingir y que solo se encuentra cuando hay algo que se ha vivido, que ha calado hasta los huesos y que merece la pena ser contado. Encontré la inspiración que solo despiertan los libros de quien se ha manchado las manos trabajando, de quien se ha dejado la piel en algo que merece la pena, haya salido bien o mal (poco importa eso).

Verás, en esta especie de sociedad del karaoke en la que vivimos, donde alguien compone una canción y los demás simplemente la repiten, en esta sociedad donde uno entre mil escribe un libro interesante y todos los demás simplemente copian y pegan ideas, encontrar algo original es raro.

Lo sé por experiencia, porque he dirigido durante años el programa de radio *Pensamiento positivo* y, para presentarlo, he leído cientos de libros. Lo sé porque tengo siete libros escritos y, para prepararlos, he leído cientos de libros. Lo sé porque he subido más de mil vídeos con contenido de valor a YouTube y, para crear ese contenido, he leído cientos de libros. Por eso lo sé.

En fin, te diré la verdad (como siempre): no sé si es el libro más ortodoxo de desarrollo personal que se haya publicado, pero sí sé que su historia es inspiradora, que lo que dice es clave en el momento en que vivimos y que su lectura te llevará a hacerte las preguntas importantes para tener una buena vida.

Corina habla con su naturalidad habitual de lo obvio obviado, de aquello importante que con frecuencia olvidamos. Te habla de cosas tales como que, si no cambias tus creencias, nada cambiará. Que las cosas cuestan, que no siempre es fácil transformar tu vida. Que no hay trucos ni atajos y que cada uno tiene que inventar su propio camino. O que necesitas quitarte las etiquetas y los juicios que te están limitando.

Cosas que, posiblemente, ya hayas escuchado antes, pero que, pasadas por la experiencia de Corina, de repente cobran un sentido nuevo y te llevan irremediablemente a hacerte las preguntas importantes. Esas preguntas que, si decides responder con algo de honestidad, te ayudarán sin duda a tener algo que de verdad pueda llamarse una VIDA, con mayúsculas.

Ahora sí, arrancamos.

Sergio Fernández
Divulgador en desarrollo personal y profesional.
Director del Instituto Pensamiento Positivo.
Director de Másterdeemprendedores.com
y de Másterdedesarrollopersonal.com

Prólogo de Silvia Congost

Corina descubrió quién era y qué quería justo en el instante en el que empezó a amarse. Sin peros. Sin excusas. Sin juicios. Sin más. Porque el amor no existe si hay condiciones, ni crece si no es genuino, sentido y veraz. Se trata del instante del despertar, ese que, aunque pueda parecer repentino, requiere de un largo proceso de análisis, contemplación y conciencia. Requiere enfrentarse a cada uno de los monstruos que albergamos, a cada uno de los defectos autoimpuestos y a los miedos que alimentamos en silencio creyendo que son de verdad.

Al despertar, Corina dejó de esconderse tras los ropajes que cubrían su preciosa figura. Y, al atreverse a mostrarse, surgió la magia. Su voz llegaba lejos, sus palabras reconfortaban, su mirada calmaba el dolor ajeno, sus ojos podían comprender lo que ocurría más allá de su ser.

Y entonces lo entendió. Y empezó a hacerse preguntas. Y no paró hasta encontrar las respuestas. Y se lo cuestionó todo, sin dejar ningún prejuicio por atender.

Y se reconcilió consigo misma construyendo una inspiradora historia de amor y emprendió el vuelo más alto que jamás hubiera imaginado. Y se dio cuenta así de que al volar alto puede verse que el espacio es infinito.

Este es un libro mágico, especial y auténtico, como ella. Tras bucear por las profundidades de su propia oscuridad, Corina nos invita a sumergirnos en un viaje revelador para alcanzar la luz, esa luz que nos indica el camino perfecto, el nuestro, el único, el de verdad. Si te atreves a transitarlo de su mano, verás qué ocurre… Está claro que, con ella, todo es posible.

Silvia Congost
Psicóloga y conferenciante.
Autora de best sellers como *A solas* y *Personas tóxicas*

Prólogo a esta nueva edición

Este libro, el que ahora mismo tienes en tus manos, fue autopublicado por mí y entregado al mundo un día de luna nueva, el 12 de diciembre de 2023. Junto con mi querida hermana, Nahir Randazzo La Gamma, sin la cual yo no estaría hoy aquí ni habría conseguido mucho de lo que he logrado. Decidimos aventurarnos y lanzar *¿Quién coño soy?* por Amazon, soltando cualquier expectativa.

Después del tremendo éxito y la inmensa acogida que ha recibido, me dispongo a intentar expresar lo que ha significado para mí esta experiencia. Este no es un libro cualquiera… Todo el mundo puede escribir un libro si se lo propone, pero no todo el mundo puede hacerlo con alma. ¿A qué me refiero con «alma»? Escribir con alma requiere de valentía, pues poner sobre la mesa, sin trampa ni cartón, tus vulnerabilidades y pensamientos más profundos no es plato de comodidad para casi nadie. Tampoco lo fue para mí, créeme.

Sin embargo, tras este libro existió y existe un propósito mayor, que rige por encima de cualquier miedo o reto personal, pues escribir mi legado y hacer entrega de él al universo para que llegue al mayor número de personas posibles y, así, poder acompañarlas en el proceso de vida que les toque vivir es y será siempre mi motor. El motor que mueve todo lo que he hecho, todo lo que hago y todo lo que haré: charlas, conferencias, retiros, escritos, comunidad, proyectos, contenido y, por supuesto, este libro.

Decidí compartir mis experiencias y hacerlo, no desde un lado de maestría, «expertitis» o sabiduría, sino todo lo contrario... Decidí hacerlo desde mi lado más humano, honesto, puro y sensible, pues es lo que siempre he echado en falta en los cientos y cientos de libros que he llegado a devorar sobre desarrollo y crecimiento personal. Así que quizás este no será el libro más ortodoxo que vas a leer, pero tal vez sea el libro con el que tu alma más va a conectar. Y con eso ya es suficiente.

¿Que de dónde me viene esta conexión tan profunda por crear espacios de vulnerabilidad, crecimiento y liberación del alma? A mí también me gustaría saberlo... Lo que sí sé es que esta historia, mi historia, esta que ahora está en tus manos y he sido capaz de materializar, reconocer y abrirme a compartir contigo, fue el principal propulsor para que creara este, mi primer libro. Pues de no haber convivido con esta tremenda sensación de insuficiencia que durante tantos años dirigió mi vida y la cual fue el motivo principal de mi sufrimiento, mis bloqueos y mis miedos, a día de hoy no sentiría esa profunda necesidad de comunicar, compartir y difundir todo tipo de herramientas y conocimientos para que, a través de mi reflejo, otros puedan descubrir nuevas formas de mejorar sus propias historias.

Me refiero a esas historias de quienes aún siguen ahí, donde yo también estuve: atascada en el miedo, sintiendo una fuerte desconexión con el resto, una sensación profunda de no encajar, de no quererme, de no creer, de no confiar... **Una incomodidad leve a la vista de otros, pero intensa en**

la vida de una misma donde, por alguna razón que se escapa de tu conocimiento, sabes que algo en ti «no funciona bien» o que algo ahí fuera no encaja contigo, pues donde otros disfrutan y viven despreocupados, tú sobrepiensas, no conectas, te juzgas, te aíslas y entras en bucles mentales en los que te cuestionas de forma constante por qué eres como eres y por qué no eres como quieres ser.

Una sensación de insatisfacción tan integrada en tu inconsciente que te recuerda de forma constante que no estás haciendo lo suficiente, que no sabes lo suficiente, que no te quieres lo suficiente, que no tienes lo suficiente, que no eres suficiente... Un tumor que habita dentro de tu cuerpo, el cual no ves, pero sabes que existe y que cada día te recuerda que ahí está.

Con la intención de arrojar luz a este «tumor enfermizo» tan presente en la sociedad de hoy, te entrego mi legado, el libro que me hubiera gustado leer durante mi proceso de crecimiento y reconocimiento con mi ser. Con él, te hago entrega de poderosas herramientas, esas que me sacaron del abismo y me hicieron entender que **existe otra forma de ver el mundo y, sobre todo, otra forma de verme a mí.**

La guía de cómo yo misma evolucioné hasta convertirme en la mujer que soy hoy. Una mujer que ahora reconoce quién es, que valora sus progresos, que respeta su energía, cultiva su templo, cuida y se deja cuidar. Una mujer que aprendió a poner límites, a ponerse en primer lugar, a reinventarse tras múltiples caídas y a reconstruir un corazón cargado de heridas. Una mujer que aprendió a amarse y logró lo que un día creyó inimaginable: hacerse amiga de sus sombras.

Ahora este libro es tuyo y mío es el deseo de que esta guía te acompañe en tu proceso de crecimiento, sea lo que sea lo que estés viviendo.

Hago un inciso para aclarar que, pese a que puede dar la sensación de que este libro va dirigido solo a mujeres, no es así. El crecimiento no entiende de géneros. Son miles y miles de lectores los que ya lo han leído y cientos los que me escriben a diario a través de mis redes y que lo recomiendan a sus seres queridos. También son muchos quienes dejan reseñas con sus aprendizajes, que, por cierto, leo todas las semanas.

Comencé a escribir y a plasmar sobre el papel todo lo narrado en este libro tal cual te lo presento, de forma intuitiva y en un estado de conexión elevado que alcancé en uno de mis viajes en solitario (en el capítulo final lo entenderás todo). Para mí era y es muy importante respetar toda la información canalizada tal cual se me presentó, por lo que, si hay alguna de las experiencias que cuento con las que no te identificas, por favor, no te lo tomes de forma personal. Aquí todos, todas y todes somos bienvenidos.

Gracias por tu comprensión.

Ahora sí, ¡empieza el viaje!

INTRODUCCIÓN.
Mi gran viaje

¡Hoy ha ocurrido algo que me ha hecho tomar la decisión de empezar de una vez a escribir este libro! ¡Hoy he comprado el primer vuelo barato que he encontrado y el primer apartamento que he visto en Booking y me dispongo a hacer la maleta para escaparme unos días y comenzar a escribir lo que espero que sea una bonita parte de mi historia! Me dirijo a Las Palmas de Gran Canaria con la única intención de conectar con mi ser más profundo y poder transmitir, a quien quiera leerme, mis palabras más transparentes y honestas. ¿Por qué allí? Primero, porque es lo más barato que he encontrado. Segundo, porque buscaba algún lugar en el que hiciera buen tiempo, ya que este último año me quedé sin verano porque decidí mudarme de país para montar mi propia empresa, y esto se tradujo en quedarme sin vacaciones y en volcarme de lleno en mis proyectos. Así que tenía claro que quería mar y un lugar tranquilo con buen clima para poder bañarme, volver a tocar arena, empaparme en sal y, por supuesto, donde no conociese a nadie para poder estar únicamente conmigo y ponerme en serio con el tan inalcanzable libro que ahora tienes en tus manos.*

Me llamo Corina Randazzo, pero me he autoapodado «la Chapas» en mis redes sociales. Y es que, además de ser leona, con ascendente en piscis y luna en capricornio (nacida el 25 de julio de 1991), también soy argentina. ¿Sabes lo que eso significa? Pues que no me calla ni mi madre y, encima, no hay quien me lleve la contraria porque siempre creo tener la razón de todo. ¡Así soy de terrible! Y, créeme, luchar contra mi propio ego es de las cosas más difíciles con las que lidio a diario. Y, pese a que poco a poco voy llevándome mejor con él, enfrentarme al personajillo que llevo dentro muchas veces acaba convirtiéndose en una gran lucha interna conmigo misma.

Quizás ese haya sido el principal motivo por el que he tardado tanto en decidirme a escribir este libro y es que, siendo totalmente honesta con vosotros y conmigo, no creo que escribir se me dé tan bien como me dicen, ni tampoco creo tener una gran historia que contar.

Siento sentir muchas cosas, siento haber conectado con mi ser más honesto y siento haber tenido un crecimiento personal y espiritual enormes. Pero no sé hasta qué punto seré capaz de transmitir todo lo que pienso, siento y deseo en palabras, para poder darle a este libro el valor suficiente que equipare el tiempo de vida que vas a invertir en leerlo. Sea como sea, cueste lo que cueste, y aunque no tengo nada claro en qué podrían transformarse las próximas páginas… ¡pienso acabar este libro, pienso escribir con el corazón,

*Este es un fragmento de lo que escribí en mis notas del móvil el 13 de marzo de 2020 cuando estaba subida al avión con dirección Las Palmas de Gran Canaria. El libro «inalcanzable» se convirtió en algo real y ahora está en tus manos, ¡qué fuerte! Ese viaje marcó un antes y un después en mi transformación personal. Si sigues leyendo y llegas hasta el final del libro, lo entenderás.

usando mi vocabulario (a veces difícil de entender) y compartiendo mis reflexiones (a veces difíciles de expresar)!

Decidir escribir y decidir hacerlo desde mi propia experiencia me ha obligado a abrir la caja de Pandora, a tirar de mis antiguos diarios, a traer recuerdos algo borrosos, a revivir situaciones bastante incómodas y a traer a mi presente experiencias algo jodidas. Porque lo cierto es que puedes hablar desde dos puntos de partida: desde el conocimiento o desde la experiencia. Yo he elegido la segunda opción, ya que es y será siempre mi única carta de presentación.

Mis únicos estudios han sido acabar bachillerato a duras penas, aprobar raspando la selectividad y tres años de Interpretación, sumado a docenas de cursillos y módulos varios sobre cualquier cosa que llamase mi atención y según el momento de vida que estuviese atravesando. Desde cursos de *mindfulness*, nutrición, repostería, registros akáshicos, entrenamiento, *coaching*, marketing, inversiones, criptomonedas... y cualquier fumada que me produjese interés en ese momento.

Saber un poco de todo y mucho de nada es algo con lo que quizás podría sentirme un poquito más identificada. Y tampoco.

Eso sí, la capacidad y habilidad para hacer y crear cosas nuevas es una fortaleza innata en mi personalidad. No sé si nació conmigo en esta vida o pertenece a mis vidas pasadas, pero es un lujo sentir que no hay cosa que no sea capaz de lograr. Aunque sea a hostias, a golpe de martillo, pico y pala o, a veces, a base de sufrimiento innecesario, todo hay que decirlo... Sea como sea, cuando algo se me mete en la cabeza, ¡por mis santos ovarios que lo consigo, aunque me deje la vida en ello! Muy típico en las leoninas, que nos ponemos la capita de «salvadoras de la vida» y vamos directas a por el estrellato, aunque veamos de lejos que la hostia va a ser buena...

Lo mismo te cargo una bandeja de treinta copas que te cuido a los críos, que me subo al escenario a montar el show, te escribo una comedia, te presento un programa de televisión, interpreto un monólogo de Shakespeare, te creo una página web desde cero, te doy una charla de motivación y emprendimiento en la universidad o te monto una empresa a coste cero. Pero no esperes que te venda quién soy o lo que he conseguido a lo largo de mi vida con mis «títulos sociales», porque es algo que no tengo, en lo que no creo y de lo que no siento necesitar.

Así que os hablaré desde mis vivencias en carnes propias, desde mis aprendizajes, desde las enseñanzas que me ha dado la vida, desde las hostias fuertes, a medias y desde los tropiezos continuos con las mismas piedras. Os hablaré desde la Corina más cruda y real que hayáis podido imaginar. Y es que, a la par que escribo, tengo la sensación de que acabaré escribiendo este libro más para mí que para nadie. Pues siempre he creído que una se conoce y se cura a sí misma solo cuando es capaz de reconocerse en el espejo y de aceptar tanto la luz como la sombra que habita en ella. Mi problema durante mucho tiempo fue identificarme solo con la sombra, sin poder ver la totalidad de mi ser.

Aquí comienzan mis enseñanzas, mis aprendizajes o como prefieras llamarlos. Quizás te identifiques con algunas situaciones, quizás otras te sorprendan y hasta puede que algunas ni siquiera hayan pasado por tu mente. Lo importante es que este libro te mueva algo, te haga pensar, te obligue a parar y, sobre todo, te ayude a darte cuenta de que **uno nunca está tan jodido como se cree ni tan perdido como se piensa**.

Renacer, reconstruirse y reinventarse son posibilidades que están en cada uno de nosotros, y aquí te contaré qué me ayudó a elegir las mías. Una vez más, ¡bienvenido, bienvenida, a mis chapas! 🫶

Antes de empezar

En este libro te presento «tareas», «herramientas», «retos»... (o como prefieras llamarlos) que no todos son capaces de integrar, pero quienes lo consiguen transforman por completo su forma de vivir en el mundo.

Lo que viene a continuación tiene como común denominador los siguientes aspectos:

- No es fácil.
- Debes respetar los tiempos sugeridos.
- No puedes acelerar los procesos, debes vivirlos y transmutar lo que sucede en ti.
- Habrá momentos incómodos en los que tendrás que salir de tu zona de confort y seguramente pasarás por distintas emociones (vergüenza, miedo, ira, tristeza, asco...). Es probable que liberes mucho dolor.
- Todas estas sensaciones, emociones y sentimientos son parte del proceso. No podrás evitarlos ni saltarte ninguna casilla. Tampoco hay atajos.
- Para trascender lo que te produce dolor, para transformar aquello que te ata, para liberar aquello que te limita y, en definitiva, para ser feliz, **toca soltar, toca sanar, toca romper con esas creencias autodestructivas que te sobrepasan y hacen que vivas en una pecera llena de tiburones** (no hace falta que te diga quién es el pez en esta pecera).

- Tómatelo en serio.
- Nadie hará el trabajo por ti.

¿Qué necesitas?

- Paciencia.
- Mente abierta.
- Bolis de colores.
- Un diario emocional. Puede ser una libreta o cualquier cuaderno nuevo o viejo que tengas con hojas en blanco. En él volcarás todas tus «desgracias», quejas, frustraciones, pensamientos e historias que quieras contarte. A medida que vayas avanzando con tus «tareas», tú misma comprobarás cómo tus escritos cambian de forma. Tus quejas pasarán a ser reflexiones, tus reflexiones agradecimientos y tus agradecimientos proyecciones y manifestaciones de tu «yo futuro», es decir, de la persona que aspiras llegar a ser.
- Cumplir o no con los siguientes dos retos determinará si tendrás o no éxito en tu inversión de tiempo, dinero y energía con este libro. Si no lo logras, no habrá nada nuevo. Tú y tu vida seguiréis igual y este libro será un objeto más en el baúl de los recuerdos junto al resto de libros que siempre compraste con intención de aprender algo nuevo y solo quedaron en eso…, en «intención».

Hagamos que esto valga la pena, ¿te parece?
¡Vamos a por ello!

Dos retos imprescindibles

Ninguno de los dos retos que te propongo a continuación son rebatibles. Si no los aceptas, te ahorro tiempo y te invito a que regales este libro a otra persona que sí quiera comprometerse.

RETO 1: No creas, no juzgues y confía en el proceso

El primer reto consiste en que no te creas nada de lo que te cuento en este libro. ¡Tienes que comprobarlo por ti misma!

A lo largo de mi vida he leído muchos libros «muertos» con contenido que me sonaba a llenos de frases hechas y con poco plan de acción (que era justamente lo que necesitaba en mis momentos de pérdida absoluta de identidad). ¡Y es que sí!, yo también pasé por varios de esos momentos de mierda en los que parece que el mundo podrá contigo y que, como bien sabes, no se puede morir de pena, no te queda otra alternativa que seguir viviendo. **Con pena, pero sigues viviendo.**

Y, al final, acabas convirtiéndote en un peón de la vida de otros, sin saber muy bien ni quién eres ni qué haces ni siquiera qué te gusta..., pues parece que el tiempo ha ido en tu contra y tomas conciencia de que ninguna decisión importante de tu vida ha sido tomada por ti, sino por tus padres (quienes te dijeron lo que tenías que estudiar), por tus novios (esos que siempre tuviste la esperanza de que te cuidasen y te tratasen con respeto y que, «causalmente», siempre terminaron haciendo lo contrario) y por ese grupo de «amigos» de la infancia (que parece que sigan viviendo en eso, en la infancia, pues, a juzgar por sus conversaciones, siguen siendo las mismas de antaño, rememorando constantemente sus historias de batallitas ganadas o perdidas, planificando bodas y despedidas de solteras a las que luego te ves obligada a ir por no quedar mal, cuando bien sabes que es el último plan al que irías...) y la rueda sigue. Es interminable. No acaba nunca.

Y cuando tomas conciencia de que esto ocurre en la vida del 99 por ciento de la población, primero, te tranquilizas (porque bien sabes que tu drama es el drama del resto), pero, después, empiezas a cuestionar todo y aquí es donde abrimos el cajón de mierda (o la caja de Pandora para «las finas»). Aquí es cuando toca sacar, sacar y sacar todo lo que lleva años acumulándose. Y, claro, ahora... ¡aprende a gestionar todas esas hostias de realidad a las que te vas enfrentando a medida que vas despertando de la famosa «matrix»! Empiezas a ver detalles, a entender desenlaces, circunstancias, situaciones, actitudes y, sobre todo, a percibir pensamientos automatizados y a pillar creencias muy muy arraigadas que no habías sido capaz de ver antes porque estabas dormida, pues estando dormidas difícilmente somos capaces de ver lo que ocurre a nuestro alrededor ni mucho menos lo que ocurre dentro de nosotras mismas.

Y menuda chapa te acabo de soltar solo para decirte que ¡**confíes en el puñetero proceso**! Escribí este libro para mí y para ti; para mi hija o mi hijo (si algún día soy madre), para los hijos de mis amigas (que parecen haberse puesto todas de acuerdo para parir el mismo año); para esa profesora que no sabe cómo motivar, estimular e inspirar a sus alumnos; para esos padres que no saben cómo conectar con sus hijos y tal vez decidan regalarles este libro en forma de experiencia, para que se den cuenta de que están vivos, de que no están solos y de que el dolor forma parte de crecimiento... Es más, diría que los padres deberían leerlo primero y luego pasárselo a los hijos, pues no por ser padres saben más, sufren menos o tienen más claridad (otra creencia que vas a tener que romper).

Dicho esto, este libro es un viaje para todos, todas y todes. Para quienes quieran crecimiento, pero ¡crecimiento de verdad! No vamos a filosofar sobre la vida (que también), vamos a darnos de hostias, a quebrarnos la cabeza, a cuestionarlo absolutamente todo. Vamos a escribir mucho, te guste o no, no es debatible. Es mi libro, son mis normas y este es mi método. Siento decirte que, si no te comprometes contigo misma y no cumples con todo lo aquí expuesto, no soy maga ni tú tienes superpoderes, ¡te quedarás como estás! Me pondrás reseñas negativas en Amazon (las cuales ayudarán a posicionarme mejor) y volverás a vagar por el mundo con tu pena a cuestas.

Pero, insisto, no creas nada de lo que diga este libro ni de lo que te cuente en él. **Compruébalo y tómate en serio a ti misma de una vez por todas.**

RETO 2: A partir de este mismo instante, has de estar dispuesta a estar contigo misma, cariño, ¡te guste o no!

Te permitirás leer este libro con calma, alejada del ruido, en algún lugar en el que puedas conectar contigo respetando espacios agendados con anticipación, en los que permanecerás en silencio, acompañada únicamente de tu presencia y de tu diario emocional.

Ya conoces los dos retos que harán que tu viaje por este libro dé frutos y sea una experiencia transformadora... Entonces, te pregunto:

- ¿Estás dispuesta a no juzgar y a comprobar por ti misma todo lo que este libro te propone?
- ¿Estás dispuesta a aprender a estar «sola» (es decir, contigo)?

Y es que, si no sabes estar contigo, jamás sabrás estar con nadie. Te aferrarás a lo primero que llegue, te conformarás con migajas, te sumergirás en tristes y caóticas historias de amor a sabiendas de que no es lo que buscas, ni mucho menos lo que mereces. Pero estarás tan carente de amor hacia ti misma que cualquier mínima atención que recibas será más que suficiente para agarrarte como clavo ardiendo a esa ilusión impermanente.

Corina Randazzo

El arte de elegir. Reflejando tu valor en cada elección

Lo que vas a leer a continuación no es solo tu historia. También es la mía y la del 99 por ciento de las personas que existen en el planeta Tierra. Así que, aunque al leerla te sientas la protagonista de la novela, respira y suelta. ¡Deja el drama y pon atención!

Aquí todas, todos y todes nos hemos sentido muñecas de trapo durante mucho tiempo. Y créeme, aunque joda admitirlo y aún jode más cuando te lo dicen, lo cierto es que **todo lo que te ocurre es solamente tu responsabilidad.** Sí, has leído bien, todo es tu responsabilidad. Tranquila, no se trata de que te sientas culpable y te conviertas en la víctima de tu propia historia. En esta vida no hay malos y buenos. O, al menos, no es la percepción con la que deberíamos vivir. En esta vida todo se reduce a la simplicidad de las cosas y cada quien responde, actúa, observa y vive bajo su responsabilidad.

«¿Y qué quieres decirme con esto, Corina?». Te lo explicare más adelante con mayor detalle, pero básicamente consiste en entender que atraemos a nuestra vida lo que somos y esto incluye a personas, proyectos, negocios y experiencias. Si has sido muñeca de trapo es porque, de todas las realidades disponibles a tu alrededor, elegiste, desde tu libertad, a esa persona, ese trabajo, esa opción, esa idea, esa creencia e, incluso, esa emoción. Elegiste de acuerdo a la percepción que tenías sobre ti misma en ese momento.

Tu elección corresponde al valor que tú misma te das. Tal como eliges es como te tratas. Si has sido muñeca de trapo, así era tu poca estima y tú misma creaste ese escenario.

Corina Randazzo

Y SÍ, DIGO QUE ELEGISTE PORQUE ASÍ FUE Y ASÍ SI-GUE SIENDO.

Nadie te obliga a nada. Todo lo haces por tu propia decisión, te guste o no, lo admitas o no. Esta es una realidad difícil de aceptar mientras vivas bajo la limitante y triste creencia de que no es cierto que puedas elegir todo el tiempo, todo el rato, a todas horas, durante toda tu vida.

Construyes la vida de forma constante, creas cada día, en cada momento, en cada instante. Tu vida es la suma de las decisiones que tomas **permanentemente; está en tus manos, y solo en tus manos, elegir cómo quieres vivirla** en cada momento, cómo quieres construirla y hacia dónde quieres dirigirte.

Hoy, ahora mismo, en este preciso instante, cada pequeña acción consciente o inconsciente, está modificando tu camino. Estás dirigiendo tu energía hacia un lugar. La intención inconsciente que existe detrás de todo lo que hacemos marca nuestro camino, nuestro presente y, por consiguiente, nuestro futuro.

Cada pequeña acción que realizas hoy determina la trayectoria de tu vida.

Corina Randazzo

TAREA 0: ESCÚCHATE

Tómate un momento, cierra los ojos, haz una respiración profunda e intenta responder con verdad a estas sencillas preguntas. Cierra el libro por un momento. Responde:

• ¿Para qué crees que estás leyendo este libro ahora mismo?

_____

_____

• ¿Para qué crees que lo compraste?

_____

_____

• ¿Qué intención hay detrás de esta sencilla acción?

_____

_____

Pues bien, te diré que detrás de cada acción, por pequeña que sea, siempre hay una intención, consciente en ocasiones e inconsciente en el 99 por ciento de los casos. Detrás de adquirir este best seller, ya sea porque te lo ha recomendado una amiga, porque me sigues en redes, porque sencillamente lo has visto en un anuncio o porque el título te ha llamado la atención…, tu «**¿para qué?**» es muy obvio. Tu inconsciente busca crecimiento, busca inspiración, busca un cambio, busca empoderarse. Tu intención para contigo es clara: «**Quiero transformarme**» y, a partir de ello, ¡toma acción! No estás leyendo este libro por casualidad. Es más, si has llegado hasta aquí y aún sigues leyendo con atención es, sin duda, porque de alguna forma conectas con estas palabras, con estas experiencias y con estas propuestas que te planteo.

Si no fuera así, ¿por qué no has elegido un libro de cocina, de finanzas o de embarazo? Básicamente porque no estás embarazada (o tal vez sí), las finanzas te importan bien poco y, para recetas de cocina, ya tienes a tropecientos *influencers* enseñándote cómo hacerlas gratis. Pues eso. Que si este libro está **hoy** en tus manos es porque **tu desarrollo personal te importa**.

Tu inconsciente siempre está activo y funciona sin descanso. Lo importante es transformarlo, entrenarlo como si de un músculo se tratase y empezar a vivir de forma más consciente. Esto significa ser coherentes en nuestras decisiones y actuar desde una intención sana, honesta y amorosa que haga nuestro camino más sencillo y nos acerque a la vida que deseamos vivir.

Uno de los «dilemas» que más resuenan en nuestra comunidad (es decir, en mis redes sociales) y, por consiguiente, uno de los que más voy a hablar por aquí, puede reducirse a una única y rotunda pregunta: «**¿Cómo pretendes que alguien más te quiera cuando ni siquiera tú misma lo haces, cariño?**».

Cada cosa a su debido tiempo… Todas queremos ser millonarias, pero no todas somos capaces de trabajar, crear, construir, conseguir y llegar a ganar ese millón. Esto es igual. Está en nuestras manos sentirnos completas, sentirnos libres. Está en manos de cada una vivir libres del apego hacia las cosas y hacia las personas. Sin embargo, muchos siguen jugando a la lotería esperando que algún día ese millón de euros caiga del cielo por arte de magia, al igual que tú sigues esperando a que el príncipe de tu fantasioso cuento de hadas venga a rescatarte en su caballo blanco sin haber movido un dedo.

Lamento joderte el cuento, pero esto no funciona así, al menos no en el planeta en el que yo vivo. Solo espero que tú también seas capaz de abrir los ojos para ver más allá de tus fantasías, esas mismas de las que no eres consciente la mayoría de las veces.

Sé que has leído temas como este en otros libros y en frases de los perfiles «inspiradores» que sigues por Instagram y que tanto reposteas, o en los montones de vídeos que ves permanentemente, mientras matas tu tiempo en TikTok, protagonizados por gente con corbata y micro, hablando sobre crecimiento y desarrollo personal. Y **créeme que se puede**, es totalmente cierto. Muy complicado, pero cierto. Aunque, claro, una vez más te digo que no te creas nada de lo que aquí te diga una rubia sin titulación académica, con frases inspiradoras y vídeos de TikTok, sin corbata ni micro… ¡Compruébalo y pon en práctica los deberes que te voy a poner a continuación!

No he sacado esto de ningún libro. Aquí transcribo mis propias experiencias, mis comederos de cabeza para entenderme a mí misma, mis noches de insomnio, llanto y desvelo provocado por no ser capaz de comprender de dónde venía ese apego tan fuerte hacia personas que tan poco y nada sumaban en mi vida.

Os hablo sobre todo de relaciones «amorosas» en mi caso. Esas relaciones que marcan y nunca para bien. Esas relaciones en las que no te sientes segura, cuidada, protegida ni mucho menos querida, las cuales acaban por destruir la poca autoestima que te quedaba. Esas relaciones tóxicas que parecen imposibles de «superar», pues tu vacío es tan grande que nubla por completo tu capacidad de tomar buenas decisiones, o al menos decisiones amorosas contigo misma. Esas relaciones **elegidas desde el inconsciente** que representan lo que hemos mamado, observado, recibido, heredado, vivido y construido en relación con el «concepto de amor» durante toda nuestra etapa de crecimiento.

¿A cuántos clavos ardiendo nos hemos quedado atadas a sabiendas de que estábamos quemándonos? ¿Cuántas veces tu intuición te ha dicho «¡sal corriendo!», que tú no mereces este mal trato? ¿Cuántas veces te has dado el permiso de elegir cómo quieres que sea esa persona con la que compartir y pasar tu preciado tiempo?…

Quizás aquí ya estoy adelantándome…

Antes de llegar a este punto y de contarte cómo salí de todo aquello, debes, primero de todo, aprender a dar valor a tu tiempo, lo que es equivalente a darte valor a ti misma. **¡Toma conciencia de lo importante que eres!** Serás capaz de darte a ti primero, haciendo lo mismo que has hecho toda la vida, pero solo para los demás y no para ti.

Hago referencia a todas esas ocasiones en las que has sacado tiempo y encontrado la forma de hacer malabares con tu vida para que todos estén contentos; para que tu madre no te reproche, para que tu padre se sienta orgulloso, para que tu novio siga a tu lado, para que tus amigas sigan volcando sobre ti todas sus desgracias y tú continúes sintiéndote la fiel confidente de sus historias, para que tu jefe vea lo responsable que eres y con suerte no te eche de ese pedazo de trabajo que tienes, para evitar irte a dormir con la sensación de «no ser una buena madre/hermana/amiga/hija/empresaria…».

Porque la vida empieza a tener sentido y todo empieza a tomar forma cuando somos capaces de aceptarnos, de que-

rernos, de respetarnos y de protegernos a nosotras mismas.
Y no hablo de la aceptación sencilla en la que te vendes a ti
misma la película de «me conformo con lo que ahora soy»,
así no se vale. No vale la aceptación desde la carencia, desde
la necesidad, desde el no amor. Cuando digo «**acepta y acép-
tate**», básicamente estoy queriendo decirte que **te cuentes
la verdad de una vez por todas.** Y es que, si no tomas conciencia de que tienes unos hábitos de mierda, jamás querrás
cambiarlos. Si no te cuentas verdad y admites que tu pareja
se aleja por completo de quien eres ahora, pero sigues con
él por miedo a «estar sola», entonces nunca acabará, nunca
te darás la oportunidad de seguir creciendo y tu relación
pasará a hundirse cada vez más, contigo a cuestas. Si no te
cuentas la verdad y no admites que estar cerca de tu familia
no te hace bien, que cargar con sus problemas es abrumador
y que quizás necesitas alejarte por un tiempo, hacer tu vida y
romper un poquito con todo, entonces nunca saldrás de ese
círculo vicioso y, por consiguiente, ansioso.

No todos nacemos en familias completas, capaces de hacer una buena gestión emocional, ni mucho menos con la
capacidad de comunicarse de forma asertiva. La familia de
sangre que nos toca (porque no ha sido elegida por nosotros, al menos no conscientemente) tiene la capacidad de
empoderarnos o bien de resquebrajarnos en mil pedazos…
Y es que los vínculos que creamos con las personas de nuestras vidas determinan quiénes somos, cómo somos y hacia
dónde se dirige nuestra vida. Este es otro punto en el que
trabajaremos más adelante.

Y, ¡**tranquila**!, mi intención no es alarmarte con todas las
hostias a mano abierta que te acabo de soltar, así, de gratis.
O sí. Tan solo son algunos sencillos ejemplos que comparto
contigo para que quizás puedas verte reflejada en algunos

de ellos y entiendas que estos dramas son sumamente comunes en el mundo, que a todas nos pasa y, lo más importante, que todas **podemos elegir salir** de ellos.

Mi antigua yo

Hace unos años, pasé por uno de esos momentos en los que parece que la vida te obliga a tomar decisiones importantes y tu mundo interior se tambalea por completo. Me enfrenté a una situación personal algo complicada y no sabía muy bien qué camino tomar... Me encontraba envuelta en un mar de dudas y supe enseguida que se trataba de una decisión importante porque, durante los siguientes días, me costaba conciliar el sueño. Mi cansancio parecía ir *in crescendo* y mi mal humor parecía dominarme por momentos.

Un día desperté sabiendo que algo no iba bien, que esto que tenía en la cabeza estaba afectándome más de la cuenta y que tenía que tomar medidas, así que eso hice. Agarré mi maleta, saqué un vuelo, reservé un apartamento y me fui sin avisar a nadie.

Lo cierto es que no disponía de mucho tiempo para estar conmigo en soledad, ya que debía regresar pronto para trabajar, pero cinco días fueron más que suficientes para reconectar conmigo, encontrar qué era aquello que tanto estaba desestabilizando mi paz y regresar con el alma en calma y el espíritu algo más libre...

*Permíteme que aquí haga un inciso algo reflexivo, antes de continuar con mi historia, para que entiendas a dónde quiero llegar...

Pasamos demasiado tiempo preocupados por lo que ocurre o por lo que pueda ocurrir. Pasamos demasiado tiempo envueltos en ruidos, responsabilidades, tareas y «metas» que cumplir.

Pocos somos quienes nos paramos a analizar y a preguntarnos qué nos ocurre y qué necesitamos cuando detectamos que algo no va bien, que algo está perturbando nuestra tranquilidad, que algún pensamiento en bucle está llevándose más atención de la debida y nuestro espíritu reclama ser escuchado.

Corina Randazzo

Antes, yo tampoco pertenecía a este pequeño grupo. Antes, yo pertenecía al grupo que permitía que sus pensamientos le carcomiesen y que las noches de insomnio se convirtiesen en rutinas. Antes, evitaba tomar decisiones, así que prefería que los demás las tomaran por mí. Antes, evitaba enfrentarme a mis miedos, así que sencillamente los dejaba entrar y malvivía con ellos. Antes, yo también pertenecía al grupo de quienes creen ver solo por tener los ojos abiertos y no entienden que **el verdadero significado de «ver» es «mirar hacia dentro»**.

Cuando algo nos perturba, cuando algo no está permitiéndonos estar bien, significa que ese algo ha de ser escuchado, significa que no debes evitarlo, pues no cesará hasta ser solventado. Si no paramos a escucharnos, será una carga más, nuestra mochila se hará cada vez más pesada y nuestro cansancio, desmotivación y desánimo serán cada vez más fuertes.

#Reflexionemos

Con el paso de los años hemos adquirido una especie de patrones y creencias que nos alejan por completo del **ser** y hacen que nos obcequemos con el «tener». Nos pasamos la vida trabajando para «tener» bienes materiales para así conseguir «logros sociales». Buscamos ser reconocidos, alcanzar el éxito y llevar multitud de pesadas medallas en el pecho. Al menos ese parece ser el dictado de la sociedad. Vivimos una etapa algo compleja y muy alejada del despertar de la conciencia. Ya nadie se molesta en preguntar quién eres o cuáles son tus propósitos, sencillamente te buscan en sus redes sociales, te valoran según tu número de *followers* y te cuelgan la etiqueta «aceptado» o «ignorado».

Pocas son las personas que se atreven a romper con lo establecido y deciden «ser» primero para luego «tener» con aquello que ya son. Cambiar el orden de estos patrones es lo que marca la diferencia, es lo que nos hace pasar al siguiente nivel.

Durante muchos años de mi vida, creí que para llegar a ser feliz necesitaba un montón de cosas. Creía que tener un armario lleno de ropa, un supercoche, una casa propia o una boda de película de Hollywood me haría feliz. Prometo que, en ese momento, durante mi adolescencia, estaba convencida de que era así. Que quizás entonces, cuando alcanzara todo eso, podría sentir lo que es ser feliz. Para mi yo de antes (mi «yo dormida»), el éxito se relacionaba con alcanzar «bienes materiales» y, cuanto mayores fuesen, mayores serían mis logros… Totalmente absurdo.

Hemos de entender que mi «yo» de antes no se escuchaba, no se paraba a cuestionar por qué le ocurría lo que le ocurría o por qué pensaba como pensaba. Sencillamente, se dejaba llevar por la masa haciendo o imitando lo que la mayoría hacía, por temor a ser o a pensar diferente. Mi «yo» de antes podía pasar semanas enteras en un estado de tristeza, cabreo o desasosiego sin ni siquiera saber por qué. Para resumir: mi yo de antes no se quería, no se escuchaba, no se sentía… Y, por lo tanto, andaba perdida, sin rumbo fijo y sin identidad propia.

Retomando mi viaje del principio del capítulo y, a manera de conclusión, para que entendáis a dónde quiero llegar con esto, continúo…

Cinco días alejada del ruido me bastaron para regresar con el alma en calma y el espíritu algo más libre.

Y es que, a día de hoy, esa conexión que he logrado conmigo, mi despertar de la conciencia ha desarrollado mi poder de comunicación con mi estado anímico. Ahora tengo la capacidad de entender mejor qué me ocurre en cada momento, ahora me escucho y me paro a reflexionar e indagar en mis preocupaciones cada vez que mi cuerpo reclama atención, cada vez que detecto que no estoy siendo coherente o cada vez que algún pensamiento insiste demasiado en que le haga caso, inventando un desenlace trágico.

No soy un robot y, por lo tanto, no he llegado al punto de controlar por completo mi estado emocional ni aspiro a hacerlo. Pero sí he aprendido la forma de reconectar conmigo en momentos en los que me desestabilizo.

No podemos pasar por alto nuestras emociones haciendo caso omiso de lo que están intentando decirnos. A veces necesitamos parar, dejar de lado la rutina y el «deber ser» para alentar el ruido, adentrarnos en el silencio y escuchar qué tenemos que decirnos, qué sentimos, qué es eso que tanto nos daña y qué necesitamos para solventarlo.

Con los años, entendí que estar conmigo, escaparme de vez en cuando, desconectar del mundo y hacerlo en la única compañía de mí misma me ayuda a resolver cualquier duda existencial. Es por ello que cada vez que tengo que tomar decisiones importantes o sencillamente me encuentro en una especie de bucle mental, cuando parece que mis preocupaciones empiezan a dominarme, decido viajar y decido hacerlo sola, aunque tan solo sea durante unos pocos días.

Ahora disfruto de mi tiempo conmigo, de mis espacios en silencio, de mis conexiones más profundas, en compañía de un buen libro o quizás unas hojas en blanco con un lápiz de media punta y el alma dispuesta a abrirse en canal. De mis largos paseos sin rumbo fijo, de mis viajes improvisados o de mis arrebatos danzando como si fuese a morir mañana... Ahora cuido mi energía porque soy capaz de reconocerla, respetarla y darle el valor que merece. Acepto mi momento vital y me doy permiso de transformarlo cuando sea necesario. Elijo de quién me rodeo, construyo espacios de crecimiento allí donde decida moverme, mantengo conversaciones profundas (pues no sé hacerlo de otra forma) y me dejo fluir solo con aquello con lo que siento vibrar mi alma. Ya no deseo ruido y entretenimientos de relleno. Ya no concibo hacer nada por compromiso con otros. Ya no recaen mis vacíos en brazos de otros, pues me responsabilizo de mis miedos y busco la manera de trascenderlos. Ya no cargo con mochilas de otros ni me enredo en conflictos ajenos a mi camino. Porque, si algo tengo claro hoy, es que quizás no sea el camino más fácil, pero sin duda es el más apasionado que he vivido, y con eso me basta.

Corina Randazzo

En resumen:

- ¡Es momento de responsabilizarte de tu vida y de todo lo que te pasa! Si vas a culpar al mundo de tus «desgracias», detente aquí mismo y deja de leer porque mis palabras no te servirán. En este libro, no vas a encontrar formas de cambiar el mundo, sino herramientas que pueden ayudarte a cambiar tu mundo.

- Llegados a este punto, ya deberías tener en mano tu diario emocional, cuaderno, libreta o como quieras llamarlo. Aquí no estamos para perder el tiempo. Vas a trabajar duro. ¡Vas a empezar desde ya y vas a escribir mucho!
- Recuerda bien los retos e intégralos en tu mente.
- Vas a pasar mucho tiempo contigo misma, a solas. Al principio, no te va a gustar, pero siento decirte que ¡mi libro, mis normas! Esto no es debatible si quieres sacar algo de provecho de todo esto.
- No juzgues, confía en el proceso y, por supuesto, ¡no creas nada de lo que te digo! ¡Compruébalo por ti misma!

PARTE I
¿QUIÉN COÑO SOY?

Nacemos libres. Crecemos adoctrinados. Morimos dormidos. Pocos son quienes despiertan, porque despertar duele, pero más duele morir sin haberlo intentado siquiera.

Corina Randazzo

Capítulo 1.
NACEMOS LIBRES.
Desnuda tu verdadera identidad

Pese a que nacemos con información genética de nuestros padres y ancestros, la cual está permeada por factores sociales y culturales, cuando venimos a este mundo traemos la mente libre, limpia. Somos como libros abiertos con sus hojas en blanco, las cuales vamos llenando desde el inconsciente con todo tipo de información que recibimos a través del entorno. Vamos formando nuestro autoconcepto, autoestima y personalidad desde nuestra gestación y durante nuestro nacimiento y crecimiento. El entorno en el que nos desarrollamos es el que, al menos en la primera fase de la vida, nos proporciona las experiencias y el ambiente que tienen un papel fundamental en la formación de la mente.

El psicólogo suizo Jean Piaget (1896-1980) asegura en su teoría del desarrollo cognitivo que, durante los siete primeros años de vida, nuestra conciencia actúa como una esponja insaciable, absorbiendo sin discernimiento todo lo que encuentra a su alrededor. Esta es una etapa crítica porque estamos especialmente receptivos a influencias externas, formándonos una imagen del mundo sin filtros ni juicios.

Como Piaget, muchos personajes influyentes en la historia de la humanidad han dedicado su vida a la formulación de teorías y al desarrollo de amplias investigaciones para demostrar que nos regimos por el inconsciente, el cual equivale al 95 por ciento de nuestra mente. Por supuesto, la formación de nuestra manera de pensar no termina con ese primer septenio lleno de experiencias, sino que, en todas las etapas de nuestra vida, intervienen factores que influyen en nuestro carácter y nuestra forma de identificarnos con el ser. La nutrición, la salud física, el desarrollo neuropsicológico, los ambientes de aprendizaje, los conocimientos que nos imparten y, cómo no, ¡la jodida herencia emocional! son elementos determinantes, puesto que los absorbemos y los tomamos de manera inconsciente, ya que responden a los sistemas de creencias de nuestros padres, abuelos y todo nuestro clan familiar. Los hábitos de nuestros padres nos influyen de forma directa y esto puede favorecer, expandir y potenciar nuestro ser, o bien puede entorpecer, limitar y empobrecer nuestra forma de vernos en el mundo.

Si tus padres no se preocupan por su alimentación, no cultivan su mente, no disponen de espacios para el cuidado de su salud, no practican ninguna actividad consciente, no trabajan en su propio desarrollo personal y mucho menos disponen de una buena relación consigo mismos o entre ellos, entonces crecerás tomando como tuyos muchos de sus conflictos, malos hábitos, actitudes y formas de reaccionar. Tomarás como «normales» ciertas respuestas, comportamientos y creencias que son «comunes», pero que no deberían ser parte de la normalidad de ninguna relación humana. Lo más grave de todo es que, como este bagaje se ha insertado en tu mente subconsciente, lo llevas tan integrado en tu carácter que desprenderte de él te parece imposible. Cosa que ni es cierta ni debes aceptar como tal.

Y sí, esto ocurre. No solo heredamos el color de ojos, el pelo o el tono de piel de nuestro clan familiar; también heredamos sus miedos, sus creencias, sus limitaciones, sus traumas, sus complejos, sus prejuicios y su forma de reflejarse y de ver el mundo. Lo más impresionante es que muchos de esos miedos que sentimos hoy ni siquiera nos pertenecen, pues no hemos tenido margen de vida ni espacio en el tiempo en el que hayamos podido experimentarlos en carnes propias. Seguramente ninguna experiencia haya sido tan dramática como para generar los miedos que hoy sentimos tan presentes.

Miedo al cambio, miedo al amor, miedo a viajar, miedo a cambiar de trabajo, miedo a perder un trabajo, miedo a preguntarte quién eres o qué quieres hacer, miedo a estar sola, miedo a vivir y a salir de cualquier patrón establecido que se aleje de lo que hoy categorizamos como «bueno» o «malo», miedo a ser diferente, miedo a mostrar tus emociones, miedo a expresar tu vulnerabilidad, miedo a experimentar, miedo a quedarte sin dinero, miedo al dinero, miedo a la escasez, miedo a la soledad, miedo a la pérdida, miedo a la muerte, miedo al miedo… **¿De dónde nos viene tanta ansiedad por el devenir? ¿De dónde nos viene tanto estrés por lo que no pasó? ¿De dónde nos viene tanta frustración y autoexigencia por querer ser, hacer y tener de forma constante?**

Y justo este es el tipo de preguntas que me invaden cuando he vivido momentos de oscuridad en mi vida:

- ¿De dónde me viene esta tristeza o sentimiento de dolor o miedo tan profundo si nunca he experimentado nada de lo que mi mente teme?

- ¿De dónde me viene el temor a quedarme sin dinero si, por más que haya pasado situaciones difíciles, jamás ha llegado a ocurrir?
- ¿Por qué siento temor a estar sola si jamás lo he estado?
- ¿Por qué temo a la muerte si jamás la he experimentado?
- ¿Por qué temo a la escasez si jamás me ha faltado nada?
- ¿Por qué temo tanto al amor si ni siquiera sé reconocerlo?
- ¿Por qué tanto miedo al cambio si jamás me he permitido probar a hacer las cosas de forma diferente?
- ¿Por qué siento tanto miedo de romper con «lo conocido», miedo a no seguir la regla de turno o las creencias que me dicen cómo debo ser, cómo debo actuar, cómo debo vivir, qué debo tener y cómo debo sentir?

Capítulo 2.
CRECEMOS ADOCTRINADOS.
Desentraña las influencias sociales

Salirse del condicionante sistema en el que vivimos en esta vida implica **siempre** la aplicación de un orden, de una secuencia que debes entender y empezar a reconocer en ti:

SER - HACER - TENER

Primero somos, después hacemos en base a lo que somos y, luego, tenemos.

Cuando vivimos condicionados, desconociendo esta ley, respondemos al lema «Cuando tenga, ya haré lo que sea necesario», contrario a la afirmación que deberíamos usar, rigiéndonos bajo esta ley de orden, que es: «Cuando sea, sabré qué hacer para tener lo que anhelo». «Haré esto cuando consiga graduarme», «Cuando tenga dinero, haré el viaje de mis sueños», «Cuando tenga tiempo, podré estar tranquilo», «Cuando consiga ese ascenso seré feliz»... ¿Te suenan?

El primer paso para cambiar esta dinámica y aplicar la nueva secuencia es preguntarte: «¿Quién quiero ser?». Puedes tener muchas metas, deseos, objetivos... ¡Puedes hacer tantas acciones como quieras para lograrlos! Pero, si no eres quien tienes que ser, si no detienes tu piloto automático, calmas la mente, conectas contigo y decides contarte verdad, difícilmente lo conseguirás, o te requerirá mucho esfuerzo alcanzarlo y será más el sufrimiento que la satisfacción por lo logrado.

Obsérvate mientras te hablas y pregúntate: «**¿Por qué empiezo la mayoría de las frases con "cuando tenga..."?**». «Cuando tenga dinero, entonces seré feliz», «Cuando tenga un cuerpo mejor, entonces me querré», «Cuando tenga pareja, entonces estaré mejor», «Cuando tenga ese trabajo, estaré más tranquila»...

La dinámica de nuestras conversaciones internas es: «Cuando tenga todooo eso que me autoexijo, autoinvento e idealizo, entonces haré, entonces sentiré, entonces podré ser». ¡Piénsalo! Reflexiona unos minutos sobre lo que acabas de leer y elabora una lista mental de los momentos en los que te has apalancado en esta errónea forma de pensar, la de «hay que tener para poder llegar a ser».

Estamos condicionados. Pensamos que solo cuando tengamos podremos hacer y, entonces, seremos «lo que queremos ser». Esta manera de actuar responde a nuestros condicionamientos e invierte el orden de la ley «ser-hacer-tener». ¡Olvídate del «cuando tenga...»! Lo correcto y lo que funciona es que te concentres en quién quieres ser. Y, cuando hayas hallado la respuesta, sabrás las acciones que debes llevar a cabo para lograr eso que proyectas tener. ¿Lo entiendes mejor ahora? ¿Te das cuenta? ¡Cambia el orden!

La gran pregunta que debemos formularnos antes de empezar a «hacer» es: «¿En quién debo convertirme para lograr eso que quiero?» y no al revés.

¿De qué sirve estudiar tu carrera de Derecho, Empresariales o cualquier otra formación en la que decidas especializarte y focalizarte en tus próximos años si luego sales de allí sin saber siquiera qué has aprendido ni qué te corresponde hacer ahora? Peor aún, te gradúas creyendo saber algo hasta que te contratan en un «supuesto» puesto de trabajo «apto» para ti y te das cuenta de que no tienes ni idea de nada. Empiezas a ser consciente de que gran parte de lo aprendido no ha valido más que para memorizar datos, fechas e información amontonada en tu cerebro de forma aturullada que poco y nada sirve para la función real por la que te han contratado (o esperas que te hayan contratado). Como yo, seguramente tú también conoces o has compartido tiempo de tu vida con jóvenes que empiezan sus carreras con una puesta en escena de lo más peliculera, al estilo Hollywood: sus sueños hasta se materializan, van con tanta ilusión a por sus metas que parecen salir serpentinas de colores por cada poro de su piel. Los ves con pasos firmes, dispuestos a hacer lo que haya que hacer para llegar a donde se supone que quieren llegar. Ves tanta confianza en su rostro y tanta garra que difícilmente dudas de la capacidad de ese joven dispuesto a cumplir sus sueños.

La penosa y triste realidad es que ese sueño se va truncando al poco tiempo de empezar su «nueva vida», pues poco a poco van tomando conciencia de que quizás no es lo que esperaban, que quizás se precipitaron a la hora de elegir quiénes querían ser en un futuro. Incluso hay quienes abandonan la carrera en su segundo año, en medio de una crisis existencial y con una sensación de pérdida de identidad y culpabilidad tan grandes que se sienten defraudados consigo mismos. Y, lo que es peor, sintiéndose un fracaso para quienes tienes alrededor: familia, amigos, profesores...

A mi corta edad, he visto muchísimas experiencias similares, incluso las he vivido en mi propia familia. Resulta muy común dar con casos de abandono escolar traducidos en frustración, depresión, ataques de pánico, crisis de estrés o ansiedad. Basta con levantar la mirada y echar la vista a tu alrededor para percibir las consecuencias nefastas que están ocurriendo con los sueños de tantos jóvenes y, por supuesto, lo ocurrido con los propios.

Está claro que existe la excepción a la regla y que siempre habrá quienes sobrevivan con aprobado o incluso superen con sobresaliente todas las trabas y dificultades que supone pasar por la prueba de fuego del sistema educativo actual.

Y es que en este círculo vicioso nos hemos visto envueltos la gran mayoría de nosotros, pues nunca nos han enseñado la importancia del ser. ¡Ocurre todo lo contrario en esta vida regida por la filosofía de «cuanto más haces, más tienes»! Y, por lo tanto, asumimos que «cuanto más tienes, más vales y más importante eres». Es la afirmación más absurda e incoherente que puede existir.

¿Qué pasa si a los diecisiete años no tengo claro qué quiero estudiar? ¡Si ni siquiera he tenido espacio ni tiempo para saber quién soy, qué me gusta y, mucho menos, cuáles son mis talentos! ¿Acaso soy «malo» o «no válido» por no saber qué quiero hacer a tan corta edad? ¿Cómo se nos ocurre cederle a un niño la responsabilidad de decidir qué quiere hacer en los próximos años de su vida sin permitirle, primero, que descubra quién quiere ser?

Pregunto: ¿cómo no crecer con miedo a ser el «excluido» de tu familia, de tus amigos y del sistema si no formar parte de él te convierte directamente en el raro, el malo, el tonto, el loco o el vago? (He aquí una que pasó por todas esas etapas…).

¿Cómo crecer sin miedo cuando salirse de «las normas» significa ir por el mal camino? En este mundo del revés, nacemos y tomamos como verdad la creencia tan estúpida, incoherente y tan sumamente limitante para nuestro propio crecimiento de que primero debemos hacer para poder tener y, con eso, llegar a ser lo que aspiramos o, mejor dicho, lo que idealizamos. ¡Todo mentira, baja de matrix y atiende!

¿Entiendes ahora por dónde quiero ir? ¿Comprendes qué intento que veas?

Lamentablemente, nada de lo que hayas leído hasta ahora cambiará nada de lo ocurrido; ni este ni ningún otro libro ayudará a cambiar el sistema educativo tan mediocre del que hemos sido víctimas desde hace siglos. Tampoco pretendo que con esto salten las alarmas y empieces a armar la revolución buscando culpables. No pretendo que culpes a tus padres, a tus «maestros», al sistema escolar o a quien se te ocurra apuntar con el dedo con tal de encontrar al responsable de tu hoy. Aquí no hay víctimas ni verdugos. Aquí todos formamos parte del sistema que hemos construido o, mejor dicho, que hemos permitido construir desde el inconsciente, generación tras generación.

Con este capítulo, mi única intención es que te animes a observar el panorama desde una mirada más amplia. Que al menos seas capaz de cuestionar lo que quizás hoy en día tomas como «normal» y aceptas con indiferencia. Mi invitación es a que reflexiones y, al menos, abras un poquito más los ojos.

Porque no he venido aquí a mejorar ni a cambiar la vida de nadie. He venido aquí para que tú cambies y mejores tu vida siendo un poquito más consciente de que **no existe una única forma de hacer las cosas ni mucho menos una manera exclusiva de vivir la vida**. Pretendo que, una vez que identifiques cuáles son las creencias que te limitan, respondiendo con responsabilidad ante ellas y con la fuerza y el coraje necesarios para transformarlas, entonces, empieces tu verdadero crecimiento, tu cambio de vida, tu revolución personal.

Capítulo 3.
VIVIMOS DORMIDOS
(Y, EN ALGUNOS CASOS, MORIMOS
DORMIDOS). Rompe las cadenas
del adoctrinamiento

A lo largo de toda nuestra vida, vamos incorporando creencias que se arraigan en nosotros y este proceso no se detiene en la infancia. El sistema de adoctrinamiento es tan persistente que pervive dentro de nuestro ser de manera continua, desde el nacimiento hasta la muerte. Surge, por tanto, la necesidad vital de identificar y reconocer el conjunto de creencias que hemos adoptado, para confrontarlo y renovarlo en pro de nuestra evolución personal.

Existen varios tipos de creencias, cada una con sus características. Diría que las dos más importantes son:

- Las creencias vinculadas con la identidad.

Son aquellas que vinculas, de forma indirecta o directa, con quién eres: «yo soy…» o «yo no soy…». Son las que van moldeando la imagen interna de tu personalidad. Influyen en cómo percibes tu aspecto físico, en cómo te comportas en las relaciones, en tus actitudes, en tus talentos, en tus valores y en mucho más.

Este tipo de creencias están profundamente arraigadas y pueden resultar complejas de identificar. Se han asentado en tu mente a partir de los aprendizajes, experiencias y conocimientos que has adquirido a lo largo de tu vida. Por consiguiente, son de las más difíciles de cambiar y, a la vez, de las más transformadoras, ya que, cuando consigues identificar cuáles son aquellas que no te permiten avanzar y trabajas en ellas para trascenderlas, el impacto es evidente y notable.

Creamos y tejemos nuestra propia narrativa sobre quiénes somos y cómo deberíamos ser. Lamentablemente, en gran parte de esta historia, somos nuestras peores enemigas, saboteándonos y dañándonos.

Sin percatarnos, nos hemos aferrado a un guion preestablecido y automatizado que nos dicta cómo debemos ser, actuar, pensar, sentir y vivir. Este guion nos somete a una autoexigencia y a una coherencia que resultan difíciles de alcanzar. En esta historia, parece que la «búsqueda de la perfección» y la presión por «estar a la altura» de todo y todos son el objetivo principal. ¡Errooor!

Estos son algunos ejemplos de nuestras conversaciones internas, dictadas por todo ese conjunto de creencias vinculadas con la identidad: No merezco… No puedo… No tengo derecho a… No valgo para… Es imposible conseguir… Soy incapaz de… Es difícil hacer… No es correcto… No está bien… No puedo confiar en nadie. No puedo estar en paz y ser yo misma. No puedo expresar lo que siento. No puedo tener una relación de pareja estable. No puedo hablar en público con seguridad. No puedo conseguir el trabajo de mis sueños. No puedo mejorar mi vida. No puedo resolver esta situación.

A simple vista, son frases que parecen inofensivas. Pero, sin darnos cuenta, es el alimento que damos día a día a nuestro cerebro y se vuelven creencias incapacitantes. Es la información directa que envías a diario, de forma consciente o inconsciente y, efectivamente, **¿cómo no vas a acabar creyéndote lo que tanto te repites?**

- También existen las creencias vinculadas con la capacidad.

Son aquellas ideas que tenemos relacionadas con nuestras habilidades y capacidades para llevar a cabo tareas, desarrollar proyectos, enfrentar retos y alcanzar objetivos. Por supuesto que impactan en cómo nos percibimos a nosotros mismos y en cómo abordamos diferentes aspectos de la vida. Son aquellas con base en las cuales te dices «soy capaz de…» o «no soy capaz de…».

Con base a los siguientes ejemplos, permítete observarte y pescar algunas de tus creencias vinculadas con la capacidad: «No se me dan bien los estudios, soy una inepta». «Si pido ayuda, creerán que soy débil». «Debo ser el/la mejor en todo lo que haga». «Si no trabajo muy duro y sacrifico mi juventud, fracasaré y no tendré futuro». «Se me dan fatal los idiomas, es imposible aprender inglés». «El ejercicio no es lo mío, soy una vaga».

Aunque las creencias pueden tener múltiples matices, todas concluyen en un camino u otro: el camino que se observa como posible (mi mente entiende que existen varias formas de hacer eso) o creencias que indican la situación contraria como imposible (mi mente no entiende que existen otras formas). Si nuestra mente recibe información de imposibilidad, si no existe la posibilidad de abrirnos a otras realidades, jamás podremos crecer ni trascender esa situación, pensamiento o sentimiento que tanta carga y conflicto nos están generando.

Presta toda tu atención a los siguientes ejemplos de creencias vinculadas con la capacidad y escucha cómo tu mente dice: «Sí, así pienso…», «Sí, así me hablo…», «Es imposible encontrar pareja», «Hoy ya nadie quiere comprometerse», «Todos los hombres o mujeres son iguales», «Ya no tengo edad para enamorarme», «En el amor hay que sufrir, el amor conlleva sufrimiento y sacrificio».

Estas creencias limitantes producen el efecto de una cadena en la libertad humana, la cual arrastra los miedos en forma de «no puedo», «no soy capaz», «no soy suficiente», «no valgo» o «no merezco».

Estos miedos conscientes o inconscientes bloquean, cancelan y limitan tu libertad. **La libertad de aceptar y entender que lo que te dices no es real** solo es una traba, una piedra en tu zapato, algo a lo que un día tu cerebro se aferró, lo automatizó y lo integró en su base de datos como inamovible.

Las historias siempre son ilustrativas y reveladoras, así que te invito a leer los dos cuentos que encuentras a continuación, con el propósito de que comprendas mejor lo que intento transmitir con mis palabras.

El elefante condenado

Había una vez, hace ya algún tiempo, un padre y un hijo que fueron al circo que en esos días visitaba la ciudad. Antes de la función, se permitía a los visitantes que pasearan entre las jaulas para poder contemplar a las fieras salvajes que más tarde aparecerían en el espectáculo. Jirafas, tigres, leones, osos pardos… El niño estaba alucinado, impresionado. Pero algo llamó poderosamente su atención… Y se lo hizo saber a su padre.

—Papá, fíjate en ese elefante... Es enorme, gigante y, en lugar de estar encerrado en una jaula inmensa, está atado por una pierna a una estaca clavada en el suelo. ¿No te parece que podría romper la cadena que lo sujeta con mucha facilidad?

—Estás en lo cierto, no comprendo por qué el elefante no se libera.

Decidieron preguntarle al domador para que les aclarara sus dudas.

—Oh —les dijo—, esta es una de las mayores enseñanzas que he obtenido del circo... Os felicito por haber percibido el detalle. Os lo voy a explicar: estáis en lo cierto, este elefante podría arrancar la daga que lo mantiene sujeto, simplemente con proponérselo... Pero no lo hará.

—¿Por qué? —preguntaron padre e hijo al unísono.

—Nació en cautividad y, al poco de nacer, se le ató una cadena en la pierna y se le fijó a una daga clavada en el suelo como la que hoy habéis visto. El pobre animalito luchó y luchó para intentar liberarse, estuvo días y noches peleando con la cadena, intentando arrancar la daga... Meses de lucha sin cuartel que terminaron con un pequeño elefante cansado y rendido, que renunció a luchar más porque había asumido su derrota. Y, aunque ha crecido y con su fuerza actual podría liberarse sin esfuerzo, su mente lo mantiene cautivo.

Padre e hijo estaban atónitos. ¡Podía escapar y no lo hacía porque desconocía su actual potencial, porque había asumido como permanentes sus limitaciones de la infancia!

—Hijo mío, recuerda bien la lección que hoy hemos aprendido: aunque intentes algo y no lo consigas, no dejes de intentarlo. Puede que tus nuevas aptitudes te hagan apto y capaz de lo que antes para ti era un imposible.

El gato atado

El maestro de zen y sus discípulos comenzaron su meditación por la tarde.

El gato que vivía en el monasterio hacía tanto ruido que distrajo a los monjes de su práctica, así que el maestro dio órdenes de atar al gato durante toda la práctica de la tarde.

Cuando el profesor murió años más tarde, el gato continuó siendo atado durante la sesión de meditación. Y cuando, a la larga, el gato murió, otro gato fue traído al monasterio siendo atado durante las sesiones de práctica.

Siglos más tarde, eruditos descendientes del maestro de zen escribieron tratados sobre la significación espiritual de atar un gato para la práctica de la meditación.

Rituales que nacen accidentalmente pueden convertirse en creencias absurdas que se traspasan de generación en generación.

Capítulo 4
LEE ENTRE LÍNEAS. Obtén siempre el saber anclado en los relatos

La razón principal por la que debes identificar tus creencias limitantes e intentar cambiarlas es por el mismo motivo por el que acabas de leer en estos cuentos tan acertados y verídicos. **Las creencias que te limitan te prohíben lograr aquello con lo que sueñas.** Normalizamos el conformarnos con lo que somos o lo que tenemos por miedo a probar, por miedo a soltar, por miedo al cambio, por miedo a sentir, por miedo a experimentar algo nuevo, por miedo a vivir…

¡Y, tranquila!, aquí nadie se salva de ir con la mochila bien cargadita de limitaciones mentales. Siempre van a existir, son parte de nuestra condición humana. Lo realmente importante es identificar, de forma racional, cuáles son nuestras opiniones negativas sobre nosotras mismas, pues serán el claro indicador de por dónde debemos empezar a trabajar.

Toda percepción nociva que tengas sobre ti misma, toda limitación mental, todo patrón negativo y automatizado en tu cerebro no solo influyen como catalizador en tu autoestima, sino que también afectan de forma directa a tus relaciones interpersonales. Así como puedes tener creencias limitantes sobre ti misma, también puedes tenerlas sobre el dinero y la manera en la que llevas tus relaciones sentimentales, de amistad, laborales y sociales. Una percepción negativa puede empujarte a que te quedes en situaciones de constante conflicto porque no te sientes merecedora de un afecto sincero, puede empujarte a sentir una insatisfacción constante por no conseguir eso que anhelas y puede llevarte a vivir arrastrando una gran carga de culpa por temor a expresar lo que sientes. Además, puede abocarte a experimentar un miedo terrible a cualquier cambio, ya sea dejar ese trabajo, alejarte de esas personas, romper con esa relación que tan poco te aporta en tu momento vital, expresar sin tapujos a tu familia lo que te sucede o, sencillamente, darte el permiso de pulsar el botón de *pause* y escaparte un ratito de todo el ruido que te rodea.

¡Y sí! Diría que lo más importante y el primer paso que debes dar es identificar ese listado de creencias con las que te autosaboteas, pero, sin duda, el segundo paso es **entender que puedes cambiarlo todo**.

¿Y sabes qué es lo mejor? Que ya lo estás haciendo. Si no, ¿por qué crees que estás leyendo este libro ahora mismo? ¿Por qué decidiste comprarlo o cómo es que cayó en tus manos? ¿Acaso crees que las casualidades existen? En esta vida, todo es causal, nada se escapa de la ley de causa y efecto. En esta vida, nada ocurre porque sí. Así que ¡confía en tu instinto! Confía en tu intuición. ¡Confía en tus decisiones, palabras, emociones y acciones!

Capítulo 5.
¡HORA DE DESPERTAR!
Pasos concretos hacia tu liberación

¡Aquí empieza tu cambio! Así que tómate en serio tu tiempo. Lee este libro con atención. Toma apuntes de todo aquello que necesites. Respira profundamente antes de avanzar con cada capítulo y, por favor, no lo devores. Sé que puedes acabarlo en tan solo unas horas, pero la finalidad no es esa. Este libro ha sido creado para que reflexiones, para que indagues y para que te cuestiones muchos aspectos de tu vida y de ti misma que quizás ya sabías que tenías que cambiar, pero que nunca te atreviste a hacerlo.

Aquí no tienes que demostrarle nada a nadie. Aquí no hay meta ni competidores. Aquí no existen las prisas ni la autoexigencia ni las comparaciones. Este es un lugar para ti. Una guía. Un compañero de viaje. Un espacio de autoterapia para conocerte, contarte verdad, mirar a tus miedos de frente e ir moviendo las fichas que creas que necesitas mover (o quién sabe si eliminar) de tu propio tablero. En este tablero, solo tú tienes el mando, solo tú estableces las normas y solo tú diriges el trayecto del camino que deseas recorrer, que quieres proyectar y que ya has empezado a crear.

Quizás este libro no venga a enseñarte nada que no sepas, sino a brindarte el espacio, el acompañamiento, la guía, la inspiración y el empuje para que, de una vez por todas, te des el permiso de colocarte a ti primero y al mundo después.

> Porque la vida no cambia con nosotros. Somos nosotros quienes cambiamos con la vida mientras todo sigue igual.
>
> Corina Randazzo

¿Qué tal si nos dejamos de cháchara y nos ponemos a trabajar? Tus deberes obligatorios de hoy.

TAREA 1: TRANSFORMA TUS CREENCIAS

Este es un ejercicio para integrar creencias potenciadoras, que a partir de hoy deberás repetir, repetir y repetir a diario, durante los próximos 33 días.

Ingredientes:
- Disposición para hacer esta tarea durante 33 días.
- Pósits de colores.
- Ganas.
- Y, el más importante: confianza.

Ejecución:

1. Lee las siguientes siete creencias que incorporarás en tu vida para vivir con conciencia:

Creencia número 1

La verdadera salud se mide por la calidad de mis pensamientos y la tranquilidad de mi mente. La salud empieza en mi mente.

Creencia número 2

No soy mis pensamientos. Los pensamientos son solo ideas girando en mi cabeza. Yo decido si los compro o no.

Creencia número 3

No hay fracasos ni errores en mi camino, solo hay resultados. A partir de hoy, elimino el uso de etiquetas como «bien» o «mal» y «bueno» o «malo» de mi vocabulario y acepto que todo lo que sucede en mi vida son solo eso, resultados.

Creencia número 4

No espero a que todo sea «perfecto», controlado y seguro para iniciar un proyecto, expresar lo que siento o dar un paso al frente. Me libero del control, de las expectativas y me atrevo a vivir soltando el mando.

Creencia número 5

Acepto la imperfección, la incertidumbre, lo incontrolable. Acepto que no tengo que saberlo ni conocerlo todo. Acepto que no tengo que ser aceptada por nadie más que por mí misma y entiendo que el juicio que los demás tengan sobre mí tan solo es un reflejo de lo que ellos son. A partir de hoy, vivo mi vida libre del ruido, las opiniones de los demás, el juicio de las personas y la presión social.

Creencia número 6

El trabajo es un juego. Permaneceré en él siempre que sea divertido y, si no, buscaré un juguete nuevo con el que pueda seguir disfrutando, creciendo y conociéndome mejor. No pertenezco a lugares, a personas ni a proyectos con los que no vibro.

Creencia número 7

Nada que valga la pena vivir me será otorgado sin compromiso, coraje y disciplina. A partir de hoy, me comprometo a seguir los pequeños pasos que me llevan hacia la vida que deseo.

(Cuando recites esta creencia, tienes que meditar bien cuáles son estos pequeños pasos que puedes ir dando para acercarte a eso que deseas y escribirlos en una lista. La única norma es que elijas un único hábito a mejorar y no saltes al siguiente hasta que hayas cumplido e integrado el primero).

Hoy, firmo mi compromiso para hacer:

_____

_____

_____

_____

2. Escribe estas afirmaciones en pósits y pégalas en la nevera o en el espejo del baño. También puedes ponerlas de fondo de pantalla en el móvil o apuntarlas en la libreta. Hazlo de la forma que quieras, pero léelas cada día al despertarte y al acostarte. Cada día, como si de un mantra se tratase, hasta que te las sepas tan de memoria que incluso puedas recitarlas corriendo una maratón mientras haces el pino puente a la pata coja. Es decir, intégralas tanto en tu cerebro que se conviertan en una extensión más de ti y de tu vocabulario.

3. Cuenta 33 días a partir de hoy y marca ese día en la agenda o ponte una alarma en el móvil. Cada día repetirás las siete creencias por la mañana y por la noche cómo mínimo. No sobra decir que aquí no solo se trata de leerlas y memorizarlas, sino de aplicarlas, intentar entenderlas, reflexionar sobre ellas y llegar a conclusiones diferentes que quizás nunca antes te habías planteado.

Cuando llegues al día 33 (o cuando acabes este libro), deberás haberlas aprendido, digerido e integrado.

4. Cuando haya acabado el periodo de 33 días (siempre y cuando sientas que has integrado las siete creencias), reflexiona y escribe de tres a siete nuevas creencias potenciadoras con las que entrenarás tu mente durante los 33 días siguientes.

Quizás repetir creencias te parezca una práctica absurda, pero créeme que tiene mucho de mágica y poco de absurda. Las repeticiones mentales positivas pueden reprogramar nuestros patrones de pensamiento para que, con el tiempo, empecemos a pensar y a actuar de forma diferente. Son herramientas poderosas que influyen de forma directa en los cambios de humor, sentimientos, pensamientos y hábitos, pero requieren práctica para lograr que sean eficaces.

Sustituir antiguas creencias por nuevas requiere repetición consciente. Con ello, se logran conexiones neuronales lo suficientemente fuertes como para que el nuevo pensamiento se asiente y dirija nuestra vida hacia ese camino o enfoque que estamos dándole. Es necesario que pienses de manera consciente la nueva creencia durante un tiempo hasta que se vuelva inconsciente, automática y guíe tu comportamiento de ahora en adelante. Y, por supuesto, no vale repetir por repetir, sino ponerlo en práctica cada vez que puedas. Recuerda: no creas nada de lo que te digo, ¡compruébalo!

He empleado esta práctica durante años y, pese a que la Corina del pasado no creía demasiado en ella, te puedo asegurar que la Corina del presente sigue usándola como una de sus herramientas básicas para continuar evolucionando.

Ahora bien, creo que ya te ha quedado más o menos claro lo perjudicial y empobrecedor que puede ser para tu proyecto de vida tener una colección de creencias limitantes bajo el brazo y no hacer nada al respecto. Recuerda que aquí nadie se salva y todos tenemos cosas que soltar y sanar para nuestro propio crecimiento.

Por lo pronto, yo seguiré sugiriéndote «tareas» para que empieces con tu cambio aquí y ahora. Porque no hay tiempo que perder y porque de nada sirve saber la teoría si luego no la pones en práctica. Y sí, he preferido llamarlas «tareas» cuando en realidad son herramientas para que te las tomes como un deber y pongas acción sobre ellas. Porque, si existe alguna creencia limitante colectiva que nos afecta a la gran mayoría de los seres humanos, es la sensación de «deber cumplir» con las tareas impuestas por otros.

Así que, haciendo un buen uso de esta creencia y, a tu propio favor, seguiré mandándote tareas a lo largo de todo el libro. Tareas que deberás ir apuntando en tu diario emocional (ese diario que usarás única y exclusivamente para tu crecimiento personal), el cual será tu amuleto, tu confesor emocional y el registro del recorrido de tu camino de crecimiento. Así que llévalo contigo junto a este libro, a donde sea que te muevas, pues este proceso terapéutico en el que acabas de embarcarte requerirá que escribas mucho, que saques de dentro lo que ya no quieres que forme parte de ti, que te liberes de creencias, pensamientos, personas, proyectos y situaciones que no te aporten y que sanes todo aquello que no te deja avanzar. Así que llévalo contigo a donde sea que decidas moverte y cuídalo como si de oro se tratara. Pues en él depositarás todos tus miedos, sueños, proyecciones y delinearás tu nuevo mapa de vida, el que hoy mismo has empezado a construir.

*Si aún no lo tienes, puedes adquirir mi diario emocional aquí.

TAREA 2: TRANSFORMA TU DESPERTAR Y VIVE CON INTENCIÓN

Estás a dos pasos y medio de tu transformación. Preparada o no, continúa con la siguiente tarea.

Ingredientes:
- Paciencia (ten en cuenta que son dos pasos).
- 30 minutos diarios.
- Opcional: música, velas, incienso...
- Una sonrisa permanente (la única norma inquebrantable es que sonrías mientras lo haces, aprende a disfrutar).
- Saber que lograrás un sinfín de beneficios.

No conozco tu vida ni tus ritmos, pero busca la forma de organizarte para que sea lo primero que hagas cada mañana. Acuéstate 30 minutos antes para poder despertarte 30 minutos antes si tu problema es sacar hueco en las mañanas. Pero hazlo. Tómatelo en serio. Pues comenzar tu día reservando unos minutos para ti primero cambia por completo el orden de las cosas.

Sea como sea, debes empezar a aplicarlos mañana por la mañana y de forma ininterrumpida. Aquí no hay fines de semana. Tú no dejas de respirar los fines de semana para que tus fosas nasales descansen, ¿no? ¡Pues esto es igual!

No hay descanso para cultivar tu amor propio, pues es tan importante como el oxígeno que respiras. Debes integrarlo y mecanizarlo en tu cerebro de la misma forma en que respiras. No tienes que pensarlo, sencillamente habituarte a hacerlo.

---

1. ¡Toma apuntes en tu diario emocional, que empezamos! Preparada o no, continuamos con las tareas.

Suena el despertador y... atiende a esto:
- Se acabó mirar el móvil apenas despiertas.
- Se acabó caer encima del ordenador aún con el pijama puesto.
- Se acabó salir corriendo porque llegas tarde a todo.
- Se acabó despertar con el piloto automático encendido sin saber siquiera cómo te sientes o qué necesitas ese día.

2. Lee con atención los pasos 1 y 2.

PASO 1:
Conecta con tu paz interior a través de tu respiración consciente, baja tus pulsaciones, escribe y verbaliza en alto tu ronda de agradecimientos.

Busca la forma que más se acomode a tus condiciones. Si te cuesta hacerlo en la cama por temor a dormirte, hazlo sentada, o puedes lavarte la cara antes para estar más despierta. Encuentra tu propia forma de hacerlo, pero hazlo. Aquí te dejo el paso a paso:

---

1. Pon música tranquila de fondo y enciende una vela o incienso si crees que puede ayudarte.
2. Sin expectativas. Sin altas intenciones.
3. Solo cierra tus ojos.
4. Coloca tus manos en el pecho y en el corazón.
5. Respira consciente y profundamente durante unos minutos, es decir, concéntrate en sentir cómo el aire entra y sale de tu cuerpo.
6. Pasados unos minutos, cuando sientas calma, escribe tus agradecimientos y luego léelos en voz alta.
7. Si lo prefieres, puedes hacer lo que hago yo, que es empezar el día con una breve meditación guiada que te ayude a conectar con un estado de mayor presencia y serenidad.

PASO 2:

Escribe tu intención del día. Esa intención ha de ser firme y deberás llevarla a cabo sin excusas, así que cuéntate verdad. Empieza respondiendo a las siguientes preguntas:

- ¿Qué intención quiero darle a mi día de hoy?
- ¿Qué es aquello que deseo alimentar en el día de hoy?
- ¿A qué quiero prestar atención en el día de hoy? Este será un aspecto adicional a toda esa lista de cosas que mi mente ya sabe que ha de hacer. Puede ser una acción, puede ser modificar algo en tu actitud, puede ser centrarte en un pensamiento, mejorar un hábito o lo que tú decidas. Escribe solo una intención por día, no más.

Sencillo, ¿no? Aquí te dejo algunos ejemplos para que te sirvan de inspiración:

- No quejarme en el trabajo.
- Ser amable conmigo misma. Me hablaré con respeto y amor durante todo el día.
- Diré «te quiero» al menos a tres personas durante el día de hoy.

- Comeré sano y rico en cada comida.
- Pasaré un rato especial con mi hijo y le diré lo mucho que lo amo.
- Invitaré a cenar a mi pareja y le daré una pequeña sorpresa arreglándome para él.
- Dedicaré un rato a escribir para conectar conmigo. Es algo que siempre pospongo y hoy pienso cumplirlo.
- Saldré a correr, caminar, bailar o a hacer algún tipo de actividad que me apetezca para cargar mi energía y sentirme mejor conmigo misma.
- Pase lo que pase, no me enfadaré. Respiraré y contaré hasta veinte si es necesario, pero no discutiré ni conmigo ni con nadie.
- Sonreiré más y no me tomaré las cosas tan en serio. Mi intención de hoy es disfrutar de todo lo que me toque vivir.
- Tendré esa conversación pendiente y sincera que llevo tiempo evitando y que sé que es momento de afrontar, por muy cagada de miedo que esté.
- Pediré perdón a esa persona para soltar lo que llevo dentro y poder avanzar.
- Hoy, mi intención es agendarme un hueco para hacer un plan especial conmigo misma: una tarde de spa, una sesión de belleza, un cine con palomitas, una visita a mi lago favorito… o lo que sientas que te dé la gana regalarte.
- Diré a mis padres que los quiero y haré las paces con ellos.
- Haré una visita sorpresa a mi abuela y le dedicaré mi tarde completa.
- Me pondré bella y me diré piropos en cada espejo que encuentre. Mi intención de hoy será verme y creerme hermosa, porque lo soy.

Tu intención del día puede ser cualquier cosa, por pequeña que te parezca. Algo que desees, algo que sepas que te hará bien o algo que llevas tiempo queriendo hacer, sentir o decir.

> Conectar contigo y proyectar cómo va a ser tu día cada mañana es el primer acto de amor y reconocimiento hacia ti misma que puedes y debes hacer. Tómatelo como una norma infranqueable si realmente quieres entrenar y mejorar el autoconcepto que tienes de ti, tus propósitos y tu forma de vida.
>
> Corina Randazzo

Despertar, conectar contigo misma, hacer tu ronda de agradecimientos y dar una intención a tu día puede cambiarlo todo. La acción más pequeña de tu vida, hasta la más compleja, va a depender siempre de la intención con la que la lleves a cabo.

Con este ejercicio, irás tomando conciencia poco a poco de lo **importante** que es **conectar contigo** cada mañana, **preguntarte** qué deseas y **dirigir tu energía** hacia la acción **que has elegido** para el día de **hoy**.

Realizar la tarea no garantiza que apagues el piloto automático el resto del día, pero estarás entrenando la mente y reeducándola para que, poco a poco, se acostumbre a estar en estado de presencia y conexión.

La buena noticia es que, habiendo realizado estas pequeñas acciones, ya has cumplido con los dos primeros pasos:

1. Conectar, agradecer.
2. Establecer una intención.

Tienes la oportunidad (y el deber) de practicar la tarea cada día. Recuerda: **¡el amor propio no entiende de días libres!**

La **mejor** noticia de todas es que verás, sentirás y experimentarás una sensación de mayor bienestar y satisfacción contigo misma desde **el primer día**.

Y recuerda: no creas nada de lo que te digo, **¡compruébalo!**

Porque, si de algo puedes estar segura, es de que **nada cambia si tú no cambias primero.**

La gratitud es una emoción positiva que experimentamos cuando reconocemos y apreciamos el valor de las cosas. En una sociedad en la que vivimos más desconectados que conectados, más virtualizados que humanizados y más enfocados en lo físico que en lo espiritual, difícilmente podremos conectar con el enorme poder que nos brinda la gratitud. Que básicamente consiste en apreciar esos pequeños detalles que **realmente** dan valor a tu vida.

La gratitud es una fuente importante de bienestar emocional y tiene un impacto tremendamente positivo en nuestras relaciones y en nuestra salud mental. Hoy en día ya no está en discusión que aplicar estas pequeñas rutinas de agradecimiento surte efecto. Diversas investigaciones demuestran que sentir gratitud y llevar a cabo prácticas para exteriorizarla tiene un impacto positivo en la salud emocional, reduciendo el estrés y la ansiedad, y mejorando la resiliencia. También se le ha atribuido a la gratitud una mayor satisfacción con la vida, relaciones más armónicas y una mayor fortaleza ante las adversidades que se nos presentan en nuestro día a día.

Si nunca has hecho una rutina de gratitud, puede parecerte una pérdida de tiempo, pero es realmente efectiva. Mientras escribo esto, vienen a mi mente escenas en las que mi madre y yo nos uníamos para machacar a mi padre con eso de «tienes que agradecer, papá, tienes que agradecer». La cara de mi padre era y sigue siendo un poema cada vez que en casa sale este tema, pues la respuesta de mi padre siempre es (y diría que seguirá siendo) la misma: «Dar las gracias no me da de comer ni hace que mis problemas se solucionen».

No voy a entrar en detalles de lo que opino de su postura frente a la gratitud, pues es mi padre, lo amo tal cual es y ya he aprendido a aceptar que cada quien es único, dueño de su forma de vivir y de su manera de comunicarse con el mundo. Y sí, tiene razón en eso de que dar las gracias no hace que su realidad cambie. Y claro que no lo hará. Hoy no. Mañana tampoco. Pasado seguro que tampoco. Pero… ¿qué pasa cuando hacemos algo de forma repetida en el tiempo? ¿Qué pasa cuando habituamos a nuestra mente a que sea agradecida por los detalles del día a día? ¿Qué pasa cuando rompemos con el antiguo patrón que solo nos permitía ver el lado «gris» de la vida y dejamos espacio de creación para ese nuevo patrón que nos permite ver toda esa gama de colores que conviven junto al gris? Yo no puedo darte garantías de nada. Y, aunque pudiese, jamás lo haría. Solo te diré e insistiré todas las veces que pueda: **¡hazlo y compruébalo tú!**

Habitúate a dar las gracias, a tu madre por estar siempre pendiente de ti y dejarse la vida con tal de verte feliz. A dar las gracias porque cada puto día de tu vida puedes comer y elegir qué quieres comer. A poder vestir como quieras y expresarte como quieras. Habitúate a agradecer que aún eres joven y fuerte, que dispones de buena salud y que tienes toda una vida por delante con tiempo suficiente para «equivocarte», cagarla, recular y volver a empezar las veces que te dé la gana. Habitúate a agradecer que tu familia está viva y sana, pues mañana tal vez no sea así y verás cómo tus problemas, esos que consideras graves, se reducen a la nada cuando enfrentas el profundo temor que generan las pérdidas y/o enfermedades de tu círculo más cercano. ¡Agradece, coño, agradece todooo! El café de las mañanas, las sonrisas de la camarera que aun teniendo un día de mierda está ofreciendo su mejor cara… Agradece poder hacer la compra, tener la nevera cargada a reventar, poder visitar el mar, conectar con la montaña, tener un trabajo, poder contar con esas amigas que te ayudan en las buenas y en las malas, dormir en una cama caliente, poder compartir la vida con quienes te quieren…

No quiero ponerme ñoña ni decirte que la vida es de color rosa. No soy ñoña y la vida no es de color rosa. Miento. Lo primero quizás sea cierto. Pero lo segundo no. Agradecer no da nada nuevo, no hará que adelgaces, que tu ex vuelva, que tu jefe te ascienda, que ese alguien te quiera más o que te toque la lotería. Sin embargo, conectar con la gratitud nos brinda una visión más objetiva de la realidad. A veces parece que nuestra mente haya **bloqueado** parte de nuestra visión y hayamos normalizado enfocarnos en «aquello que supuestamente nos falta», en «lo que supuestamente tenemos que hacer o debemos alcanzar». Vivimos atropellados, viendo la vida pasar, y no nos paramos a observar lo que ocurre. Agradecer permite que este «bloqueo mental» vaya desapareciendo y simplemente conectemos con una realidad más objetiva sobre cómo vivimos y qué valor estamos dándole a eso que vivimos.

Agradecer nos amplifica la perspectiva y nos brinda la posibilidad de observar la vida desde un prisma más amplio para seguir creando un futuro mejor, dándole el valor correspondiente a los pequeños detalles que se manifiestan en nuestro presente.

Corina Randazzo

3. ¡Sí, faltaba un tercer paso que me había guardado bajo la manga!

El más jodido de todos, el que sé que, en cuanto lo leas, encenderás la fábrica de excusas de tu mente, desencadenando un mar de justificaciones en el que podrías naufragar.

Como te dije antes, no sé nada sobre tu vida, no conozco tus hábitos ni tus tiempos. ¡Eso no es importante! No necesito saberlo, igual que tú no necesitas conocer esos detalles de mi vida. ¿Qué quiero decirte con esto? Que, a medida que vaya poniéndote tareas o, mejor dicho, «proponiéndote tareas» (ya que solo tú puedes decidir si hacerlas o no), puedes ir midiendo tu nivel de compromiso e ir encontrando lo que te funcione para llevarlas a cabo. En tus manos está comprometerte con hacer cambios en tu vida o, como también puede suceder, hacer como si nada y esperar a que la vida cambie para ti (en este segundo caso, te invito a que esperes sentada). Si de algo puedes estar segura es que ¡nada cambia si tú no cambias primero! Porque, seamos claras, Mari,* aquí ambas tenemos el mismo número de horas cada día. 24 para ser exactas. Las mismas que tiene Beyoncé, el presidente del país y el papa Francisco. La falta de tiempo es excusa de novata. Así que, como me gusta decir, con mi maravilloso acento argentino (ese que me sale solo cuando hablo con argentinos):

¡Agárrate las bragas y andá con todo! Que nada que valga la pena en esta vida es regalado. Que los comienzos cuestan. Que los hábitos se construyen. Que los cambios joden, duelen y son un jodido jarrón de agua fría. Que la pereza se supera y la motivación se entrena.

*¡Mari! Si formas parte de mi comunidad en redes, estoy segura de que me has entendido. Si no, para evitar confusión, aclaro que «Mari» es el apelativo cariñoso con el que nos llamamos unos a otros en mi comunidad en Instagram: @corinarandazzo.

Que o lo haces tú o nadie lo hará por ti. Que la vida puede ser fácil o complicada según la actitud con la que decidas vivirla. Que venimos a este mundo a ser felices. Que estamos de paso y la vida es hoy. Así que tómate en serio a ti misma. Toma en serio tus decisiones.

Toma en serio tus hábitos. Toma en serio tu energía. Toma en serio tus palabras. Toma en serio lo que haces con tu preciado tiempo. Toma en serio cómo te tratas y cómo te cuidas (o te descuidas). Porque, una vez más, te recalco que estás de paso, todos lo estamos. Así que más te vale vivir cada día intentando ser al menos un poquito mejor que ayer. Por muy jodida que estés. Por muy pocas ganas que tengas. Por muy desgraciado que sea ahora el momento que atraviesas. No hay otra. O te esmeras o te esmeras.

Porque yo no voy a sacarte del pozo, amiga. Ni yo, ni tus amigas, ni tu pareja, ni tus padres, ni ese libro de autoayuda que te compraste...

¡Lo harás tú, solo tú! Con tus santos ovarios, en tus tiempos, con tus procesos, con tus picos emocionales, con tus cagadas, con tus llantos, con tus cambios de humor, con tus idas y venidas, con tus momentos de claridad y de pérdida absoluta de ella... Con tus días de mierda y tus días de gloria. Con todo lo que te toque vivir sin perder el camino de intentar ser un poquito mejor que ayer.

Primero por ti, segundo por ti y tercero por ti.

Y ahora sí... Creo que ya me hice entender mejor con eso de «¡Agárrate bien las bragas y andá con todooo!».

Corina Randazzo

Después de la parrafada, ahora sí, vamos con el tercer y último paso:

PASO 3:

¡Nada menos que la difícil tarea de repetir los pasos 1 y 2 durante 33 días seguidos (por lo menos)!

Y digo «difícil» porque la mente es traicionera y quiere que pares. Te recuerdo que los pasos 1 y 2 son conectar contigo para agradecer y establecer una intención para tu día. Eso implica decirle a nuestra mente que va a bajar sus revoluciones por un ratito, que vas a dejar todo aquello que se supone que «tienes que hacer» con tanta urgencia y vas a dedicar esos minutos a mirar dentro de ti. A escucharte. A respirar. A meditar. A observar cómo te sientes. A observar cómo te encuentras. ¿Cuál es tu estado en ese momento? ¿Estás en calma, estás estresada, te notas ansiosa, nerviosa...? El tercer paso consiste en esto: en observar tu estado emocional.

Tras conectar contigo a través de la pausa física y unas respiraciones profundas que te ayuden a liberar al menos un poco de ruido en tu cabeza, formúlate las siguientes preguntas:

- ¿Cómo me encuentro?
- ¿Cuáles son mis emociones más recurrentes?
- ¿De dónde creo que vienen? ¿Y qué puedo hacer hoy para sentirme mejor?

Puede que al principio no sea tan fácil identificar tus propias emociones, pues son observaciones que nadie nos ha enseñado a hacer y que debemos entrenar por nuestra cuenta. Vivir en un estado emocional es algo que nos viene de fábrica y está claro que no podemos liberarnos de él. Son las emociones las que nos distinguen como humanos. Lo que sí podemos hacer es cambiarlas cuando identifiquemos que no están favoreciéndonos.

¿Cómo? Primero aprende a identificarlas, a nombrarlas. Con este ejercicio, yo aprendí muchas cosas. Las más importantes fueron tres. **Primero: escucharme, segundo: escucharme y tercero: escucharme.**

Pues no es fácil, no estamos habituadas a ello y hacerlo implica un gran esfuerzo mental en medio de este mundo de sobreestimulación en el que nos hemos habituado a vivir. Así que lo sé, suena fácil, pero ya te digo que a nivel personal fue una práctica que me costó mucho integrar.

Con este ejercicio, irás entrenando tu observación y tu escucha a diario e irás tomando más conciencia de cuáles son tus emociones más recurrentes durante el día. Apuntar sobre el papel y preguntarte de dónde crees que pueden venir esa emoción o esas emociones que ahora mismo te abruman puede ser una buena forma de empezar a conocer un poquito más de eso que te ocurre y que solo tú tienes el poder de sanar.

Escucha cuando tu cuerpo te pide esa pausa de diez minutos y dásela. No importa si estás en la oficina, en el gimnasio o en mitad de la calle. No importa el escenario. Sencillamente, dale al botón de *pause* por un ratito, detén lo que sea que estés haciendo y conecta contigo. Cuando lo sientas. Cuando lo necesites. Toma tu diario emocional y vomita lo que te provoque la emoción que estés sintiendo.

Corina Randazzo

Enciende tu observador

Encendiendo tu conciencia y descubriendo tu esencia

A continuación, te facilito una clasificación de emociones que tiene como propósito darte una guía para esos momentos de observación e identificación. Observar, identificar y clasificar las emociones es un componente esencial para el autodescubrimiento, para la autorregulación emocional y el fortalecimiento de este trabajo de transformación que has iniciado. Encender a tu observador es como «pillar» a un ladrón con las manos en la masa. Una vez que lo pillas, no puede seguir robando.

Emociones primarias

Son aquellas que aparecen con gran rapidez. Se originan en la amígdala y son innatas.

- Ira: emoción intensa de enojo, frustración, rabia e irritabilidad.
- Alegría: sentimiento de euforia, gratificación, felicidad, satisfacción y ganas de volver a vivir la situación que te la provocó.
- Tristeza: sensación de melancolía, desánimo, soledad y pena.
- Miedo: esta emoción te prepara ante una amenaza, se anticipa a ella y produce sensación de alarma, nerviosismo, inseguridad o ansiedad, entre otros estados.
- Aversión: sensación de fuerte rechazo o repugnancia que desencadena la tendencia a alejarnos de aquello que rechazamos, que nos da asco, etcétera.
- Sorpresa: emoción ante lo inesperado, asombro repentino. Te sientes sobresaltada, desubicada, asombrada y con cierto desconcierto.

Emociones secundarias

- Vergüenza: es esa emoción incómoda que surge cuando creemos que hemos fallado a normas o expectativas.
- Orgullo: es una sensación compleja que puede ser positiva o negativa. En su forma positiva, está relacionado con el respeto propio y la satisfacción por logros personales, profesionales o de cualquier índole. En su forma negativa, puede manifestarse con actitudes de arrogancia, comparación despectiva, rigidez y hasta aislamiento.
- Excitación: esta es una sensación de entusiasmo y anticipación positiva.
- Ansiedad: esta es una emoción que surge por estar viviendo en el futuro y puede provocar nerviosismo y preocupación por lo desconocido.
- Inseguridad: sensación de desconfianza, desvalorización o incertidumbre frente a ti misma o frente a alguna situación.
- Esperanza: es un sentimiento de optimismo frente a futuras posibilidades.

La anterior es tan solo una muestra de la amplia gama de emociones que han sido identificadas, nombradas y descritas para que tú y yo podamos hacer lo mismo con lo que sentimos. Te animo a que amplíes tu búsqueda para lograr un abanico más grande de emociones que enriquezca tu autoobservación.

Capítulo 6.
¿QUIÉN SOY? El eterno enigma sin respuesta definitiva

Aquí venimos a poner las cartas sobre la mesa. Abriremos muchas cajas de Pandora y de ellas saldrá mucha mierda acumulada. ¡Tranquila!, esa es la idea. Vamos a tratar temas incómodos, a abrir debates, a hacer preguntas que nunca te habías planteado y a reflexionar contigo misma sobre dolores no atendidos para poder liberar esa carga, encontrar tu verdad y permitirte ser desde una conexión honesta y sana contigo misma, en todo lo que decidas hacer a partir de ahora.

«¿Quién soy?» es la pregunta más jodida que puedes hacerte. Es esa pregunta trampa que cada vez que aparece en nuestra cabeza parece tambalear nuestro mundo, nuestras acciones y hasta nuestra propia identidad. Y es cierto, ¡así es! Porque responder a esta pregunta es complejo y aún más complejo es hacerte esta pregunta en el momento adecuado. Es decir, cuando estés preparada para responder a ella.

No es casualidad que esta pregunta resuene en nuestra mente justo en momentos de dificultad e inestabilidad emocional, en momentos en los que atravesamos obstáculos y vivimos oscuridad, en una ausencia total de claridad. Y es que, para obtener respuestas adecuadas, no solo hay que hacer preguntas adecuadas, sino reconocer en qué momento debes formularlas.

Y, ¡tranquila!, sabrás cuándo será el momento de hacerte esta gran pregunta. Para eso he escrito este capítulo y para eso he escrito este libro.

Por lo pronto te diré que carecer de una respuesta para esta pregunta fundamental no quiere decir que todo esté perdido ni que algo esté mal. Tan solo es un indicador, una alarma que nos indica de forma innata que sería importante preguntarnos si estamos en el camino correcto.

Así que, cada vez que surja en ti esta duda, tómalo como algo positivo, pues tu alma te está enviando señales para que reflexiones, te cuestiones e indagues en ti misma si eso que estás sintiendo, haciendo o pensando hacer va a favor de tu ser, de tu esencia y de tu autenticidad o no.

Cuestionarnos quiénes somos es algo positivo. Es tal vez la única forma que tenemos de crecer, de tomar conciencia sobre qué es aquello que queremos cambiar, qué es aquello con lo que ya no vibramos y cuáles son esos aspectos de nuestra vida en los que sentimos que continuar aferrados está impidiéndonos avanzar. Es la forma en la que el ser humano ha desarrollado su naturaleza racional y el superpoder que nos distingue del resto de especies de este planeta Tierra: nuestra capacidad de decidir, nuestra capacidad de elegir cómo queremos vivir, cómo queremos pensar y cómo queremos sentir.

Y es que quizás el primer error sea justamente querer responder con monosílabos y etiquetas bajo un sinfín de prejuicios y creencias limitantes a una pregunta tan compleja. Pues tendemos a autodefinirnos con un largo currículum de cosas que hacemos, titulaciones que hemos obtenido y especialidades por las que destacamos en nuestras profesiones. ¡Por favor! **No somos solo aquello que hacemos, ¡somos mucho más!** Y entender esto, entender que no eres lo que haces, que tu trabajo y tus titulaciones no tienen por qué definirte, que eres un ser en constante transformación, evolución y, por lo tanto, un ser en constante cambio te permitirá entender mejor este capítulo y, sobre todo, responder a esa gran pregunta de «¿Quién soy» desde un lugar diferente.

Lloro con facilidad. Soy mandona.

Me choca la gente negativa.

Mi mente me agota en ocasiones. Aún creo en los finales felices comiendo perdices. Nunca he encajado en nada, ni lo he intentado siquiera.

Soy mujer de pocos amigos. Amo el silencio y cada vez tolero menos las multitudes. No veo las noticias. No malgasto mi tiempo con quien no me aporta. Soy tan clara al hablar que me he acostumbrado a que me tachen de borde. No sé mentir ni tengo filtro cuando hablo.

Nací siendo justiciera y moriré igual. Soy mis defectos, soy mis virtudes. Soy calma y tormenta, blanco y negro, paz y guerra. Soy como soy, aceptándome en mis luces y en mis sombras. Soy y seré hasta que deje de ser. ¡Nunca supe qué quería hacer y siempre supe la mujer en la que quería convertirme! Una mujer fuerte, decidida, honesta, ejemplar, segura de sí misma, luchadora, amable con el mundo y, sobre todo, amable con ella misma.

Una mujer que no mira por encima del hombro porque entiende que todas somos iguales.

Una mujer que no juzga a quienes no piensan igual que ella porque sabe que su verdad no es absoluta.

Una mujer que no critica porque bien conoce que todas sufrimos nuestra propia guerra interna.

Cada amanecer nos brinda la oportunidad de ser mejores. No importa si los demás lo ven o no, si lo valoran o lo ignoran, si lo critican o lo abrazan. Lo importante es vernos reflejadas en aquello que siempre hemos soñado ser.

Libres, sanas, en calma, amables, sencillas, humanas...

Corina Randazzo

Capítulo 7.
¡AL CARAJO LAS ETIQUETAS!
Desnudando mi autenticidad

Quizás nunca supe qué quería hacer con mi vida. Nunca tuve claridad cuando los demás parecían tenerlo todo bastante atado. Recuerdo que, de pequeña, siendo mi madre profesora de instituto y mi hermana una de las mejores alumnas del colegio (tanto por sus notas como por su actitud de sobresaliente con todo el profesorado), preguntarme de forma constante: «¿Por qué yo no? ¿Por qué no puedo tener las cosas claras como los demás? ¿Quién soy?» y la pregunta más recurrente: «¿Qué va a pasar con mi vida si no me aclaro?».

Quizás era muy pronto para responder a preguntas tan profundas. Lo sé. Pero siempre he sido así: reflexiva hasta la saciedad. Me hacía preguntas tan complejas y profundas que, a tan corta edad, difícilmente podía responder con conciencia.

Sí, quizás no tenía las respuestas, pero hacerme las preguntas me sirvió de guía para ser quien soy: alguien sin ningún talento extraordinario, sin ninguna carrera ni trayectoria envidiable, alguien que no sabe mucho de nada y, a la vez, un poco de todo aquello que le gusta. Alguien que vive de forma apasionada todo lo que elige experimentar. Alguien que se muestra al mundo tal cual siente, sin esconder su parte más vulnerable, esa que nos hace conectar como humanos. Porque lo cierto es que nunca supe qué quería hacer (incluso, a día de hoy, tampoco creas que lo tengo claro), lo que siempre supe es lo que no quería hacer y, bajo esta «norma», he avanzado y sigo avanzando hoy en día.

No encajar, no sentir que formara parte de nada (y, a la vez, sentirme parte de todo) y no identificarme con etiquetas ha sido y sigue siendo mi mayor fortaleza. Y, si algo me ayudó a responder «¿Quién soy?», sin duda fue reconocer y entender que **no soy nada que pueda etiquetarse**.

Para que me entiendas mejor y esto no se limite a una simple parrafada filosófica, te cuento para qué es importante que empieces a trabajar en liberarte de todas esas etiquetas conscientes e inconscientes que tanto limitan tu crecimiento y, por lo tanto, tu capacidad de responder a esta mágica pregunta.

Si de verdad quieres ser libre, manda al carajo las etiquetas.

Corina Randazzo

Vivimos rodeados de etiquetas, nos las adjudican desde que nacemos y las normalizamos a tal nivel que difícilmente las identificamos si no prestamos atención. Algunas son casi imposibles de eliminar, pero la gran mayoría son prescindibles y está en tus manos ponerle conciencia para comenzar a desidentificarte con ellas.

Las etiquetas nos encasillan, nos separan y nos limitan. A veces, incluso habiendo transformado muchos aspectos de nuestras vidas, continuamos autodefiniéndonos con etiquetas antiguas, etiquetas que ya no describen quiénes somos ahora. Y esto, indiscutiblemente, impide y bloquea nuestro crecimiento.

Unas son etiquetas impuestas y otras autoimpuestas, etiquetas que, de forma inconsciente, nos «obligan» a tener que estar a la altura de algo que se espera o que nosotros mismos esperamos demostrar.

Ni hablar de todas las veces que enjuiciamos con un sinfín de etiquetas vacías, sin ningún tipo de conocimiento ni humanidad, a cualquier persona, proyecto o situación que se nos presenta en el día a día. Un ejercicio muy enriquecedor y revelador es el de proponernos enumerar la cantidad de veces que usamos el libre juicio a diario. Créeme, no pretendo darte lecciones de nada con este libro, mucho menos de humanidad. Fui la primera en enjuiciar sin ningún pudor todo lo que parecía no encajar conmigo, debido a mis miedos y mi bajo nivel de conciencia. Y, por supuesto, debido a mi baja autoestima.

Hace años, no era la mujer que soy ahora. Tampoco soy la mujer que era siquiera hace 24 horas. La Corina de ahora crece a diario porque se lo permite, porque admite no saber nada y le apasiona empezar los días con el deseo de aprender de nuevas historias, de nuevas personas, de nuevos retos y de cualquier situación que la vida le brinde. Corina aprendió con los años a no enjuiciar a quienes opinan, piensan o sienten diferente a ella. Aprendió a oír con atención lo que los demás quieren expresar, sin necesidad de corregir, imponer o rebatir sus «diferencias». Aprendió que cada quien tiene su historia y vive en sus propios zapatos, esos que son diferentes en talla, estilo, tamaño, color y dirección en sus pisadas y que, por lo tanto, como jamás sabrá llevarlos, jamás conocerá su historia completa. Corina entendió que todos llevamos a cuestas dolores que sanar y todos merecemos vivir nuestro propio proceso según el nivel, el ritmo, el tiempo y la forma que elijamos.

Desde ese entendimiento (el de «**no soy quién para opinar sobre el proceso personal de nadie**»), entendí, reconocí y acepté la maravillosa sensación de libertad que se siente al sentarte en una mesa bien cargadita de zapatos muy diferentes, con la mente abierta y los ojos brillosos por el deseo de aprender.

Sí, ¡ahora te toca a ti liberarte de todas esas etiquetas y juicios que tan poco te aportan y que de tanto te apartan! Te toca a ti poner conciencia para corregir y reeducar tu mente hasta que lo integres.

No tengo truco ni consejo. Pues todo lo que leí en muchos libros de poco y nada me sirvió. Aun así, te diré que leas para abrirte a nuevas ideas, te diré que escribas, te diré que aprendas a quererte hoy un poco mejor que ayer, te diré que te escuches cuando hablas y que tengas en cuenta el poder que tienen tus palabras sobre ti misma y sobre los demás. Te diré que procures pasar tiempo de calidad contigo misma para reforzar tu relación interna, te diré que vivas más en ti y menos hacia afuera…

Puedo contarte muchas cosas, muchas cosas que hice, que continúo haciendo, que las hice para poder vivir, ver y sentir con ojos, corazón y mente libres. Lo que no puedo ni podré decirte jamás es lo que esperas que te diga o lo que esperas que ocurra. Pues no existe píldora mágica ni atajo posible para evitar el proceso que hoy te corresponde vivir. A tu ritmo, a tus tiempos, a tu nivel, de tu talla, estilo, color, forma y dirección de tu pisada. La de tus zapatos, la que solo a ti te pertenece y la que solo tú pilotas.

Hoy digo: «¡Basta!». Basta a las barreras que yo misma me impongo. Basta a todo aquello que me condiciona. Basta al juicio hacia mí y hacia los demás.

Basta a las palabras vacías y diálogos que no sumen. Basta el hablarme mal, sentirme pequeña o hacer sentir pequeños a los demás. Hoy me libero de todas mis etiquetas y me libero de usarlas en los demás.

Corina Randazzo

En resumen:

- No solo heredamos rasgos físicos de nuestros padres, también heredamos memorias, dolores, emociones, miedos y creencias, los cuales podemos identificar, sanar y transformar para desaprender y reprogramar todo lo que nos limita. Solo así lograremos construir la vida que merecemos. ¡Ha llegado el momento de elegir nuestra propia forma de ver el mundo!
- Rompe ya con esa estúpida idea de que debes hacer para poder tener y, por tanto, llegar a ser. ¡Cancelada! ¡Invierte la regla! ¡Empieza a **ser**! Es el momento de descubrir quién eres y qué quieres… El resto llega después.
- Empieza a trabajar en tu diálogo interior. Identifica aquellas creencias que te limitan y obstaculizan, y empieza a implantar creencias nuevas que te impulsen y te motiven.
- ¡Hora de tirarse al barro! En este capítulo, te he propuesto dos tareas, así que toma tu diario emocional y tus pósits de colores y ponle calma, alma e intención al asunto. ¡Prohibido seguir leyendo sin haber cumplido con tu cometido! O, mejor dicho, ¡prohibido volver a levantarse cada mañana sin conectar, agradecer y establecer una intención! No basta con hacer las tareas y ya. Intégralas y crea el hábito.

- Empieza a atender a tus emociones: siente, observa (y obsérvate) e identifícalas.
- Recuerda: en tus manos está comprometerte con hacer cambios en tu vida o hacer como si nada y esperar a que la vida cambie para ti. Reitero: ¡nada cambia si no cambias tú primero!
- Por último y no menos importante: manda al carajo las etiquetas y juicios que no aportan y solo limitan.

En los siguientes capítulos, intentaremos dar respuesta, al fin, a esa mágica pregunta que, en mi experiencia personal, lo cambió todo: «**¿Quién coño soy?**».

¡Seguimos!

PARTE II
¿QUÉ QUIERES?

Capítulo 8.
CUESTIONA Y DESAFÍA TODO AQUELLO QUE CREES SABER.
Si no identificas tus propias cadenas, jamás podrás liberarte

Saber hacia dónde vas es el primer paso que debes dar para vivir con verdad. Cuando digo «verdad», me refiero a vivir con coherencia. Cuando digo «vivir con coherencia», me refiero a vivir en alineación con quién eres y «vivir en alineación con quién eres» es procurar que lo que sientas, lo que digas y lo que hagas estén en sintonía y vayan en la misma dirección.

¡No es sencillo!, menos en este mundo moderno con las circunstancias que estamos atravesando ahora mismo. Exceso de ruido, caos, cambios constantes, demanda de alta productividad, tecnología que atonta, redes que distraen, bombardeo de estímulos, sobreinformación… Y tú, en el fragor de la agitación, intentando sanar tus heridas, cumplir con tus tareas como madre, jefa, hermana, hija, empleada, haciendo malabares para sacar huecos contigo, hacer ejercicio físico, comer saludable y, si acaso, un huequito para hacer el amor (eso que tanto falta y que tan olvidado tienes).

Y es que, entre tanta tarea, falta de tiempo, ruido y desorden externo, ¿cómo no vas a tener ruido dentro?

¡Arrrggg, cancelado! Esta suele ser la excusa generalizada, por no decir la salida «fácil», a la que se aferran la mayoría de las personas cuando se trata de «defender», «culpar» y «tirar balones fuera», cuando se vive una vida en incoherencia, una vida no alineada. Una vida en la que tus sentimientos no están alineados con lo que dices, ni lo que dices está alineado con lo que luego haces. Una vida de caos y desorden que genera ansiedad al cuerpo, ruido a la mente y dolor al corazón.

Lo cierto es que la gran mayoría de las personas se han acostumbrado a normalizar eso de no contarse verdad y de no ser congruentes con eso que sienten. Si a esto le sumas la falta de compromiso con aquello que sí saben que deben hacer, como parar, autoanalizarse, tomar conciencia de dónde viene ese dolor o preocupación y tomar acción…, ¡pues apaga y vámonos! Esto podría convertirse en un ring de boxeo entre cuerpo, mente y corazón, que es lo que suele ocurrir.

Nadie es culpable de llevar la vida que llevas. Ni tus padres, ni tu pareja, ni los políticos, ni tu trabajo, ni tu jefe, ni la tecnología, ni tus amigas, ni tu ex, ni nadie al que pretendas cargar tu mochila de insatisfacción.

Deja de buscar culpables para empezar a reconocer el maravilloso poder que habita en ti, el poder de cambiar las cosas que no quieres para acercarte más a la vida que deseas.

Corina Randazzo

Entonces… para de buscar culpables, deja ya de ponerte excusas y empieza a contarte verdad. Pregúntate: ¿por qué sigues en ese trabajo que odias, continúas junto a esa persona que ya no amas o sigues haciendo eso de lo que tanto te quejas y tan mal te tiene? ¿Por qué sigues ahí si tanto daño te hace? **¿Por qué permaneces anclada al sufrimiento?** ¿Por qué sigues matando tu tiempo navegando en redes sociales si nada te aportan?... Estos y un montón de «porqués» más que deberías empezar a plantearte.

¡Nos hemos acostumbrado tanto a tolerar el sufrimiento! No tenemos por qué estar dispuestas a soportar situaciones, personas, trabajos y entornos que nada tienen que ver con nosotras mismas, que nada nos aportan y que tanta calidad de vida nos restan. Nos olvidamos de que tenemos la maravillosa capacidad de elegir no sufrir, de escoger qué «sí» y qué «no», de decidir «qué» y «a quién» dejamos entrar en nuestras vidas y quiénes, sin lamentaciones ni culpa, quedan fuera de ella. Porque, amiga mía, recordemos que **tenemos la capacidad inagotable de elegir qué queremos y a quién dejamos entrar en nuestra vida.**

Sí, quizás hayamos heredado de nuestro clan familiar, de nuestros seres más cercanos y del entorno en el que hemos crecido (abuelos, padres, maestros, curas, pastores, figuras de autoridad, etcétera) parte de esa «mala costumbre» de tolerar el sufrimiento. Nuestros ancestros, e incluso nuestros propios padres, no tuvieron la capacidad de elegir cómo querían vivir. Crecieron en otra forma de vida, en otra época, en otra cultura, en otro ecosistema, con otras creencias y otras costumbres. Cuando no todos podían permitirse estudiar, cuando no todos podían elegir en qué trabajar, internet no existía y la información que recibían era la única realidad que sus ojos se permitían ver, es decir, no había fuentes de inspiración para conseguir nada que estuviera fuera de lo que su entorno les ofrecía. Sencillamente, no tenían con quién compararse, a quién más imitar, no contaban con puntos de referencia. Una época en la que el concepto de matrimonio, divorcio e hijos era bastante diferente (por no decir adoctrinado) del que tenemos hoy.

Así que es normal que nuestra generación aún arrastre resquicios en el inconsciente de todos los miedos, creencias limitantes y conflictos no resueltos que pudo haber en nuestro clan familiar. Y digo «inconsciente» porque solemos dar por hecho que ese conjunto de creencias viene en el pack de quiénes somos, en el «pack» que nos define, y que son parte de nuestro carácter y personalidad, ¡como si fuese algo que no pudiéramos cambiar! Algo así como si pudiéramos incluir en el mismo pack aspectos como: «Me llamo María, tengo los ojos azules, mido 1,68 cm, calzo una talla 37 y tengo un cien por cien de tolerancia al sufrimiento». ¡WTF, cancelado!

Te invito a que hagas una breve pausa y reflexiones sobre esto: ¿de dónde nos viene esta capacidad tan fuerte de soportar y tolerar el sufrimiento cuando ahora sí que tenemos los conocimientos, los medios, las herramientas, la tecnología, las fuentes de inspiración, las facilidades y la libertad de elegir qué queremos ser y cómo queremos vivir?

Ahora podemos cambiar de trabajo las veces que queramos, aprender cualquier idioma sin necesidad de viajar, teletrabajar desde casa y hacerlo en varios oficios diferentes. Ahora podemos volar por dos duros, elegir de qué forma vestirnos, tener varios amantes o novios, divorciarnos y casarnos para volver a divorciarnos las veces que queramos. Ahora podemos saber de muchas cosas y ganarnos la vida de muchas formas. Ahora pasar por años interminables de formaciones para convertirte en «experto en algo» no es la única opción para ganarte bien la vida y tener un buen futuro. Ahora no se heredan los trabajos de nuestros padres ni tenemos que sacrificar nuestro cuerpo a golpe de pico y pala. Ahora disponemos de fuentes inagotables de información al alcance de cualquiera que disponga de internet. Y, al menos en Europa, esto no supone ninguna dificultad. Pues los niños, desde cinco años de edad, o menos, ya manejan un ordenador mejor que cualquiera de nosotros.

Conclusión: ahora sí que disponemos de facilidades para hacer y deshacer los nudos que nos dé la gana experimentar en esta vida, sencillamente porque tenemos la posibilidad de elegir qué queremos y la posibilidad de «equivocarnos» y cambiar de rumbo las veces que nos dé la gana.

Ahora podemos expresarnos al mundo tal como somos y eso nos caga de miedo. Porque la libertad acojona y requiere de mucho coraje para hacer frente a nuestros miedos más profundos. La realidad es que todos deseamos sentirnos libres, pero pocos somos quienes estamos dispuestos a pagar el precio de poder serlo.

Corina Randazzo

¿Y quién dijo que fuera fácil? Claro que no es fácil soltar, claro que no es fácil decir «no», claro que no es fácil dejar a tu pareja, cambiar de trabajo, mudarte de país, alejarte de esa persona, cambiar tu grupo de amigos, tomar distancia de tu familia, dejar de fumar, de drogarte, de descuidar tu cuerpo o lo que sea que te esté drenando y que solo tú bien sabes qué es. ¡No es nada fácil! ¡Por supuesto que no lo es! Pero más difícil es pasar la vida viviendo una mentira que jamás comprarás. Vivir una vida a medias por miedo a vivir plenamente, una vida de miedo por no ser capaz de afrontar los cambios que tanto necesitas para tu propio crecimiento. Cambios que todo ser humano necesita para evolucionar. Porque, si nada cambia, nada cambias, reina. ¡Así que sí! ¡Claro que duele y claro que jode! ¡Claro que no es fácil y claro que pasarás una temporada complicada de inestabilidad emocional! Claro que llorarás durante el proceso, entrarás en conflicto contigo misma, sentirás culpa y falta de claridad. Tú, yo, mi abuela, mi madre, Beyoncé y hasta el primer astronauta que pisó la Luna, todos tuvieron y tenemos que dejar atrás aquello que corresponda para la propia evolución personal. Aquí nadie se salva del dolor. El dolor no es opcional. El dolor es crecimiento, es ley de vida, es la señal que te indica que, una vez más, estás en proceso de metamorfosis. Porque **crecer duele, jode, quema y pica por momentos, pero no queda otra opción**, amiga mía.

Es tu vida, es tu momento, es tu energía, es tu mundo y, en tu mundo, hay un espacio limitado en el que **nada nuevo entra sin antes haber soltado aquello que estorba**. Tu vida es ese jardín que has de cuidar, respetar, mimar y observar con atención, pues ¡un bonito jardín no se mantiene solo! Se riega cada día, se limpian las hojas caídas, se poda cuando toque, se arrancan las malas hierbas y se fumiga si se requiere. Así que pregúntate: ¿cómo ves ahora tu jardín? y ¿qué debes cambiar en él para que crezca como merece?

Capítulo 9.
PRIMERO CONOCERTE PARA LUEGO APRENDER A QUERERTE.
El caos de no saber y el poder de conocerse

Antes de compartirte las herramientas que yo practico y con las que sigo trabajando para conocerme mejor, te comparto algunas de las consecuencias tan contraproducentes que ocurren en tu vida, en la mía y en la de todos cuando actuamos, decidimos, pensamos, sentimos y vivimos desde un estado de desconexión. Es decir, desde un estado de no conocimiento de quiénes somos ni de qué queremos.

Las consecuencias de no saber lo que quieres en la vida pueden ser perjudiciales a diferente escala, de acuerdo con lo cerca o lo lejos que estés de tu camino. Pero, claro, «¿Qué quiero?» y «¿Quién soy?» son preguntas existenciales que no responderás en tu etapa escolar. Tampoco les corresponde a tus padres enseñarte a responderlas, básicamente porque no se puede enseñar lo que no se ha aprendido. Quizás puedas debatir algo con tus amistades y relaciones más cercanas, pero difícilmente llegarás a conclusiones coherentes con tanto gallinero de opiniones. Y, si a esto le sumamos la falta de escucha contigo misma y la falta de práctica en aquello de pasar tiempo de calidad contigo a solas, pues difícilmente podrás tener respuestas a estas dos preguntas tan transformadoras que, como bien te comenté en anteriores capítulos, requieren de tiempo, silencio y mucha introspección.

Pero, tranquila, esto te pasa a ti y nos pasa a todas. No saber qué quieres conlleva correr el riesgo de quedarte pasiva y ser más susceptible a emociones limitantes e incluso a cuadros depresivos. **No saber qué quieres te convierte en una persona dependiente.** Delegas en los demás tus decisiones, no eres tú quien tiene la iniciativa en tu propia vida. No saber qué quieres hace que sientas apego inseguro por las cosas y por las personas. Hace que tengas una sensación de vacío, incertidumbre, emociones incontroladas, ruido mental y dificultad para sentir calma. No saber qué quieres puede llevarte a tener una sensación de desesperación tan profunda que ojalá te lleve a replantearte tu vida entera porque, de lo contrario, puede llevarte a abismos insospechados.

¡Y, ojo!, saber qué quieres no implica que te aferres a una idea o a un sueño idealizado y te des de hostias con la vida hasta conseguirlo. Aquí no se trata de idealizar, se trata de poner sentido común a lo que sientes y deseas de corazón y actuar en consecuencia. Saber qué quieres hoy puede significar algo tan relativamente «sencillo» como decidir a qué quieres dedicarte o cómo deseas ganarte la vida, de qué tipo de personas quieres rodearte, identificar qué te hace feliz, qué consume tu energía y qué te recarga, qué se te da naturalmente bien, qué talentos tienes, cuáles son tus debilidades, qué te conecta, qué te inspira, qué te desconecta y qué te produce ruido mental, etcétera.

«¿Quién eres?» y «¿Qué quieres?» son preguntas que, a simple vista, parecen sencillas (y lo cierto es que en el fondo deberían serlo). El problema es que la gran mayoría de las personas nunca se las han planteado o, de hacerlo, no sabrían responderlas con claridad, pues tras su sencillez aparente albergan una gran complejidad. A esto me refiero cuando insisto tanto en que, antes de culpar al resto del mundo de todo lo que te pasa e intentar que los demás solucionen tus conflictos no resueltos, primero debes tener claro qué quieres hoy y tomar conciencia de que no basta con que lo tengas claro en tu cabeza, has de dar orden a ese caos de las ideas con el poder de tu palabra y, a continuación, actuar en consecuencia.

Insisto en decir «hoy» porque, como seres evolutivos que somos y dado que vivimos en una constante transformación personal, es lógico que vayas cambiando tus respuestas a estas preguntas en la medida en que vayas cambiando tu forma de verte, de vivir y de ser en el mundo.

¿Me hago entender ahora mejor con eso de «tener claro qué quieres»? Vuelvo a recordarte: tranquila, esto nos pasa o nos ha pasado a todos los habitantes de este planeta llamado Tierra. He aquí una que ha pasado por varias crisis existenciales a lo largo de su corta vida. Pasé por varias etapas de mi vida en las que entré en desesperación por no saber ni a dónde ir ni qué hacer ni a qué aferrarme para salir de ese estado de «inexistencia con la vida» y pérdida absoluta de identidad, de desidentificación de quién era y qué quería. Hablo de la Corina de hace años: una Corina cargada de dudas, de apegos, de miedos, de falta de decisión y de compromiso con sus propósitos. Pero, claro, ¿cómo no vivir así si permanecía totalmente desconectada de mí misma?

Es aquí donde radica la verdadera importancia de conocerte, amiga mía. Porque conocerte a ti misma no es más que aprender a quererte. Y aprender a quererte bien. No a quererte más, sino a quererte bien. Conocer quién eres para conocer qué quieres y, desde ahí, poder elegir con coherencia lo que haces, lo que dejas entrar a tu vida, lo que deshaces y lo que no quieres que entre.

Y así, poco a poco, reconstruir pieza a pieza de ese puzle de ti misma. Vas probando qué piezas encajan contigo, cuáles estás forzando y cuáles ni siquiera forman parte de tu tablero.

> Mirar la vida como un puzle me facilita entender que es cuestión de prueba y error. Al final, una siempre sabe si esa pieza encaja o toca dejar de forzarla para poder seguir avanzando en este maravilloso juego llamado vida.
>
> Corina Randazzo

Puesto que estas preguntas fundamentales siempre han ocupado las mentes de los habitantes de este planeta, sabios de todos los tiempos han diseñado múltiples y diversos métodos para responderlas. El que he elegido para mí y que hoy te comparto es el *ikigai*. Se trata de un concepto japonés que combina las palabras «*iki*» (vida) y «*gai*» (valor o mérito), de manera que significa «una razón para vivir» o «una razón para ser». Elegí este método porque aborda el propósito, la satisfacción y la realización personal.

Ya te he dicho que este libro no es para engullir, sino para leer con calma y tomar ¡acción! Si bien no tienes las respuestas de «¿Quién eres?» y «¿Qué quieres?», aquí tienes el método *ikigai* para que te atrevas a navegar en las profundas aguas de tu mente hasta llegar a esas respuestas que pueden darle un giro total a tu vida.

El concepto *ikigai* tiene una larga historia en la cultura japonesa y fue estudiado por primera vez de manera exhaustiva en 1966 por la psiquiatra Mieko Kamiya. Sin embargo, ha sido el psicólogo y profesor de la Universidad de Toyo Eiwa, Akihiro Hasegawa, quien ha ampliado el trabajo de Kamiya y ha explorado el impacto del *ikigai* desde una perspectiva más actual.

No recuerdo bien cómo cayó en mis manos este concepto. Creo que fue ligeramente mencionado por algún autor de uno de esos libros que antaño leía sobre «autoayuda». Por alguna razón me quedó grabado y me puse a investigar por mi cuenta. Leí algunos libros y googleé bastante sobre el tema. Me gustó la idea. Lo probé y, pese a que no me resultó muy sencillo hacerlo la primera vez, me sirvió como brújula para poder hacerme preguntas que jamás me había planteado antes y darme respuestas que no hubiera encontrado sin indagar lo que indagué con este método.

Poner en práctica el *ikigai* fue importante porque me obligó a dedicarme tiempo. Fueron semanas en las que pasé varias horas al día con mi diario emocional en mano, reflexionando, modificando, tachando, rehaciendo y, sobre todo, pensando y preguntándome quién coño era yo en realidad. Tenía unos veintipocos años. Si hoy con 32 años aún experimento esa sensación de «estar algo perdida», imagínate en aquel entonces… Quizás por ese motivo tardé tantas semanas en hacerlo.

Tal vez tu caso no sea igual y enseguida puedas responder con verdad a cada una de las preguntas que nos invita a plantearnos el maravilloso *ikigai*. O quizás no. Sea como sea, es tu proceso y el tiempo que te lleve hacerlo también será perfecto.

Recuerda: este es tu espacio, tu momento, tu refugio. Aquí no tienes que demostrar nada a nadie. Puedes ser tú y soltar, decir, escupir, vomitar, crear, desaprender, liberar, soñar, crear y sentir lo que te dé la gana. Así que suelta la expectativa, la prisa, el juicio y ponte a trabajar. ¿Qué te parece?

Mi recomendación (como ya te he comentado antes y como insistiré durante todo el transcurso del libro) es que hagas las tareas, ejercicios o herramientas cuando estés conectada con tu verdad. Es decir, en esos espacios de silencio total y conexión contigo. De nada sirve que te hagas preguntas profundas en un estado de alteración y ruido, pues las respuestas no saldrán del corazón, sino del miedo y, dentro de lo que buenamente puedas, debes evitar tomar decisiones en un estado alterado. Dicho esto, ¡saca tu diario emocional, que ahora toca trabajar en ti!

TAREA 3: AÑADIENDO VIDA A TU VIDA CON EL *IKIGAI*

Ingredientes:
- El tiempo que necesites (tómatelo con calma, es una tarea que puede llevarte horas, días, semanas, y hay quien incluso tarda años en dar con su *ikigai*).
- Cuatro rotuladores o bolis de colores.
- Amigos y familiares de confianza.
- Amor, una sonrisa y mucha verdad.
- Conexión con el ser.

Ejecución:
El *ikigai* es una herramienta que nos ayuda a definir un propósito que nos haga sentir vivos. Se trata de un método muy optimizado que nos invita a reflexionar sobre quiénes somos, qué nos gusta, cuáles son nuestros

dones o talentos y para qué hemos venido a este mundo. Al final de la explicación, encontrarás un gráfico que lo resume.

1. Saca tu diario emocional y cuatro rotuladores de colores (yo usé amarillo, azul, verde y rosa).

2. Lee la tarea completa y, antes de empezar a responder, pasa todas las preguntas por escrito a tu diario emocional.

3. Una vez que hayas leído la tarea completa, ¡ya puedes responder!

4. Cuando hayas respondido a todas las preguntas, crea tu gráfico y pégalo en algún lugar de la casa donde puedas verlo a diario.

5. Una última indicación: recuerda que nada en esta vida es «fijo», y mucho menos nosotros, que mutamos y evolucionamos día tras día. Tómate esta tarea como un punto de inflexión para empezar a trabajar en ti, para seguir construyendo tu camino y para conocer nuevos rumbos. Que hoy encuentres un «propósito» que se alinee con tu momento vital no implica que se mantenga para siempre. Permítete cambiar de propósito, rumbo, camino (o como quieras llamarlo) las veces que así lo sientas. En el camino del autoconocimiento no existen ciencias exactas elecciones seguras ni atajos válidos. Esta puede ser tu brújula, tu punto de partida. Hazla con mimo y amor.

LOS 4 PILARES DE *IKIGAI*
Las 4 preguntas que deberás responder con el corazón

1. LO QUE AMAS

1. Piensa y haz una lista de todas esas cosas que amas hacer. No pongas el foco en si dan o no dinero, en si cumplen o no una función «útil» para la sociedad o en si son «productivas» o no para la mente. Aquí las respuestas salen del corazón. Tenlo presente.

2. Reflexiona y responde:
• ¿Qué haces en tu tiempo libre?

- ¿Qué es aquello en lo que puedes pasarte horas y horas, perdiendo la noción del tiempo?
- ¿Qué es aquello que te gusta hacer sin que tengas la sensación de aburrirte?

Te doy ejemplos propios: leer y escribir sobre la vida y las emociones, dar largos paseos por la naturaleza, mimar y cuidar animales, estudiar y aprender sobre gestión emocional, ver biografías y documentales, cocinar con música de fondo, cantar como loca aunque se me dé fatal, bailar y ver bailar a los demás, los *babies* (amo a los críos cuando están bien educados), viajar, el mar, pasar tiempo conmigo, conocer gente nueva, filosofar sobre la vida... Y podría decirte centenares de cosas más que amo hacer.

3. Escoge un color, el que tú quieras, y haz tu lista de «Lo que amas».

2. LO QUE EL MUNDO NECESITA

1. Piensa en aquello que te gusta hacer y que consideras que puede contribuir al bienestar de la sociedad y del planeta. Vuelvo a insistir, no importa si ahora mismo eso que piensas tiene o no una «etiqueta profesional» remunerada en el mundo laboral, si es reconocido o no por el resto, o si es o no «importante» para los demás. Aquí lo que importa es lo que tú sientas, lo que tú veas y lo que a ti te mueva por dentro. Recuerda que no existe un *ikigai* igual al de otros, que cada uno es unipersonal, exclusivo y perfecto.

2. Reflexiona y responde:
- ¿Qué problemas o necesidades observas en tu entorno que te gustaría solucionar?
- ¿Cómo podrías contribuir a mejorar la vida de los demás?

Te doy ejemplos propios: Me gusta guiar a los demás cuando siento que están perdidos. Amo comunicar y compartir experiencias y aprendizajes que puedan servir de espejo e inspiración a otros. Disfruto creando proyectos y formando parte de proyectos que mejoren la calidad de vida de las personas en cualquier área. Me gusta ayudar a los demás a crear nuevos proyectos, darles ideas, acompañarlos con motivación y arrojarles luz en el camino. Me gusta motivar, inspirar e intentar dar soluciones, guías y escucha a quienes están perdidos y se sienten solos. Me gusta colaborar con el empoderamiento de la mujer, crear encuentros en los que podamos aprender las unas de las otras, escribir sobre filosofadas de la vida y, con mis textos, intentar colaborar en elevar el nivel de conciencia de quienes tengo cerca y no tan cerca. Me gusta cuidar, proteger y soltar semillas de «amor propio» donde sea que me mueva y con quien sea que hablo. Me gusta hacer pensar e invitar a que las personas se cuestionen sus malos hábitos, sus creencias limitantes y su forma de vida. Me gusta fomentar la actividad física, el autocuidado, la gestión emocional, el amor por la vida, el amor hacia una misma. Me gusta empaparme de aprendizajes nuevos para poder compartirlos con el resto, en la forma que se me presente.

3. Escoge otro color, el que tú quieras, y haz tu lista de «Lo que el mundo necesita».

3. LO QUE ERES BUENA HACIENDO

1. Piensa en cuáles son tus habilidades y talentos naturales. Aquello en lo que eres buena casi sin darte cuenta. Aquí te invito a que, en caso de que no lleguen ideas a tu cabeza, te permitas preguntar a tus seres queridos más cercanos, a quienes te conocen mejor, cuáles son esas cosas que siempre has hecho de manera natural, fácil, sin esfuerzo. Puedes preguntar a tus padres, hermanos, amigos más íntimos o parejas.

A veces, y diría que en la mayoría de las ocasiones, somos tan buenos en algunas cosas de forma genuina y las hacemos de forma tan natural que, al no haber requerido ningún tipo de esfuerzo para lograrlas, no les damos el reconocimiento que merecen. Piensa que hemos crecido programados con la falsa creencia de que uno solo logra sus metas con sacrificio y esfuerzo. Nos han inculcado que, sin esto, no existe recompensa. Por lo tanto, para la mente es común descartar talentos innatos en nosotros mismos que forman parte de quienes somos.

Viví esta situación durante mucho tiempo. Debido al nefasto autoconcepto que tenía (con el que crecí y viví durante toda mi adolescencia), no reconocía mis talentos naturales: aquellos con los que había nacido, esos que me fueron dados. Me costó mucho tiempo reconocerme como «buena» en algo. Así que, ¡tranquila!, si ves que esta parte se te atraganta, me pasó igual y mi solución fue recurrir a la familia.

«Causalmente», todos me describieron casi de forma exacta. Recuerdo que todos ellos hicieron hincapié en que tengo una sensibilidad especial en todo en general, sobre todo para las emociones, la naturaleza y los animales. Me contaron anécdotas muy divertidas y también que me apodaban «Corina, la salvadora de los pobres» (jajaja). Coincidían en que siempre defendía a capa y espada a los «más débiles» de clase y que, para protegerlos, sacaba uñas y dientes si hacía falta.

Recuerdo que mi profesor de segundo de bachillerato, Sergio (también profesor de Literatura Universal en la universidad), se llevaba mis escritos para ponerlos como referencia en su clase con universitarios. Recuerdo que me pedía permiso para llevarlos consigo y siempre me invitaba a exponer en clase y a leer mis filosofadas. Él sonreía mucho mientras yo leía con mucha vergüenza delante de toda la clase. Siempre acababa pidiendo un aplauso a mis compañeros y yo no entendía por qué se interesaba tanto en saber qué quería hacer con mi vida, qué camino iba a tomar o qué esperaba de mi futuro... A hora lo entiendo todo. Seguramente me vio tan perdida, tan desconfiada de mí misma y tan mal encaminada, pues transcurría el segundo año que repetía curso. Aunque también, quizás, vio en mí un talento que nadie más fue capaz de ver, ni siquiera yo misma.

Y créeme, a día de hoy dudo bastante de que uno de mis talentos sea «escribir para los demás»... (esto ya me lo contarás tú cuando me pongas una reseña). Pero lo que sí sé con total certeza es que se me da realmente bien conectar con las emociones «no resueltas» de quienes tengo cerca y darles forma para aterrizarlas en forma de palabras, para así brindar comprensión y arrojar algo de luz a aquello que cargamos y parecemos no darnos cuenta o no ser capaces de verbalizar. Para ser más breve y exacta: mi talento natural es dar con los dolores de las personas y tocarles las pelotas, haciéndolas pensar para que ellas mismas puedan verlo tan claro como yo.

Y, después de esta chapa, viene el trabajo. Así que...

2. Escoge otro color, el que tú quieras. Haz hueco en tu agenda para varios cafés con tus seres queridos y elabora tu lista de «Lo que eres buena haciendo».

4. POR LO QUE PODRÍAN PAGARTE

1. Piensa en esa lista de cosas que crees que podrías hacer y por lo que la gente podría llegar a pagarte.

2. Reflexiona y responde:
- ¿Qué trabajos o actividades podrías llevar a cabo utilizando tus habilidades y talentos?
- ¿Cómo crees que podrías generar ingresos a partir de lo que ya sabes que amas hacer y eres bueno haciendo?
- Haz un barrido de ideas, independientemente de si esas profesiones o negocios ya existen o no. Eso no importa.

Después de horas debatiendo con mi amigo Google, no hemos llegado a un acuerdo para poder darte un dato exacto, pero sí puedo decirte con total seguridad que un alto porcentaje de los nuevos modelos de negocios digitales han sido creados en los últimos tres años. Antes no existían. ¿Y qué quiero decirte con esto? Pues que, aunque parezca que ya todo está inventado, no es así y aún quedan muchas formas de generar ingresos y de crear un modelo de negocio rentable desde tu talento. Aun sin estar inventado, aun sin referentes y aun sin una guía exacta de cómo tienes que hacerlo.

No te contaré cómo crear un negocio desde cero (eso daría para unos cuantos capítulos más y me conviene dejarlo para otro libro). Lo que sí te diré es que siempre que exista un servicio que pueda ofrecer una solución real a un problema ajeno, entonces, siempre existirá la posibilidad de poder rentabilizar ese servicio.

Estamos acostumbrados a regalar nuestro talento basados en la falsa creencia de que «sin sacrificio o gran esfuerzo, no hay remuneración». Si cambiamos esa idea estúpida con la que hemos crecido e intentamos verlo desde otro punto, nos haríamos conscientes de que **es posible poner tu talento al servicio de otros y ganarte la vida con aquello que amas** y que realmente aporta algo al mundo.

Vuelvo a darte por saco con mi propio ejemplo: mi talento al servicio de otros puede traducirse en recibir remuneración por mis conocimientos, experiencias palabras, guías, inspiración, comunicación... (cada quien puede darle el nombre que le vibre), que se puede traducir en la creación de libros (como este), en charlas, retiros, talleres, conferencias, infoproductos, formaciones, membresía y cualquier estructura que me permita ofrecer mis servicios desde cualquier parte del mundo.

3. Ahora sí, elige el último color, el que tú quieras, y haz tu lista de «Por lo que podrías obtener una remuneración».

¿QUÉ SIGUE?

Ahora que ya tienes tus cuatro pilares detallados, vas a pasar a mi parte favorita.
- Toma tus cuatro colores.
- Haz un círculo de cada color y escribe cada una de tus listas dentro.
- Une los círculos como en el diagrama que te presento a continuación.

1. LO QUE AMAS
2. LO QUE EL MUNDO NECESITA
3. LO QUE ERES BUENA HACIENDO
4. POR LO QUE PODRÍAS SER REMUNERADA

Ahora, revisa el dibujo de abajo, que parece mágico.

En el lugar donde se une «lo que amas» (o me gusta) **con «lo que se te da bien,** encontrarás **TU PASIÓN.**

Cuando se une **«lo que de verdad te gusta hacer»** con «lo que puedes hacer por los demás», es donde podrás encontrar **TU MISIÓN en la vida.**

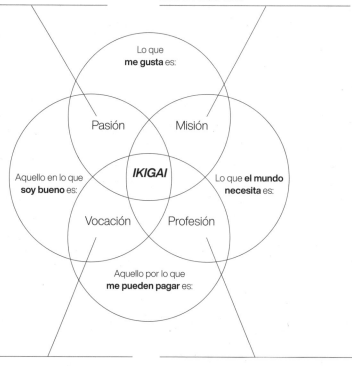

Podrás descubrir **TU VOCACIÓN** en el lugar donde se une «aquello por lo que otros te pagarían» con «aquello que se te da bien y eres buena haciendo».

Donde se une el círculo de "lo que el mundo necesita" con «aquello por lo que podrían pagarte», encontrarás **TU PROFESIÓN**.

En el lugar donde se une «lo que amas» (o te gusta) con «lo que se te da bien», encontrarás **tu pasión**.

Cuando se une «lo que amas» con «lo que el mundo necesita», es donde podrás encontrar **tu misión** en la vida.

Podrás descubrir **tu profesión** en el lugar donde se une «por lo que podrían pagarte» con «lo que el mundo necesita».

Donde se une el círculo de «lo que se te da bien» con el círculo de «por lo que podrían pagarte», encontrarás **tu vocación**.

Ahora es cuando llegas al punto más importante. En ese pequeño lugar del centro del diagrama donde se unen todos los círculos, justo ahí, es donde puedes encontrarlo: allí está tu *ikigai*. Por ello podemos afirmar que el *ikigai* es aquello que consigue unir tu pasión, tu vocación, tu profesión y tu misión en la vida.

Capítulo 10.
¿AÚN TE DUELE O AÚN LO SUFRES?
Crece a través del dolor

No recuerdo con detalle cómo fue mi primera relación. Quizás sea porque mi mente, de alguna forma, la ha borrado, como si esa parte de la historia no hubiese existido. Aunque admito haber tenido que volver a la herida y revivir el sufrimiento de aquel entonces a través de meditaciones guiadas, corte de lazos, sesiones de terapia y diferentes herramientas que he ido probando a lo largo de los años para transformar el sufrimiento en dolor, y el dolor, en aprendizaje.

Imagino que tanta terapia hizo efecto, y tanto es así que, hoy en día, soy capaz de mostrar mis heridas de guerra sin dolor, tristeza, ira, asco o miedo. Todo lo contrario. Las muestro y las cuento desde el agradecimiento, la compasión y el aprendizaje que he conseguido sacar de todo lo vivido. Aún más, de aquellos momentos de mayor dolor, **ahora soy capaz de recordar mis historias desde un estado de poder**, desde un lugar seguro, desde la aceptación de lo que pasó y, en consecuencia, desde la aceptación de quién soy hoy: el resultado de todas mis experiencias.

La verdad es que no me apetece nada contarte todo lo que sufrí y las situaciones difíciles que pasé al lado de ese «primer amor», ya que difícilmente podrás empatizar con semejante personaje con tan poco amor propio y absolutamente dominado por sus demonios, quien incendió el mismísimo infierno en el interior de un alma pura e inocente. En pocas palabras y hablando en plata, fue un grandísimo hijo de puta a quien ya perdoné y por quien a día de hoy siento compasión. Ahora sé que uno trata a los demás como se trata a sí mismo…, pero sin dejar de reconocer que se comportó como lo que era: un grandísimo hijo de puta.

Pues eso. Que no entraré en detalles de lo que hizo y dejó de hacer para no acabar con la lagrimilla saltada, que no es plan ni aporta nada. Lo que sí seguiré contándote son las enseñanzas que me quedaron al vivir esta y otras muchas experiencias difíciles que, por supuesto, tuvieron difíciles consecuencias y secuelas dolorosas con las que tuve que lidiar durante bastantes años.

Esta relación marcó mi adolescencia, desencadenando un cúmulo de miedos que fui arrastrando, como buenamente pude, hasta mi adultez. Mi poca, o más bien nefasta o incluso nula, autoestima afectó de forma directa a todas las áreas de mi vida.

Si algo me enseñaron mis experiencias más dramáticas, fue a resurgir de mis cenizas. A reconstruir pieza a pieza un corazón más fuerte y resiliente. A entender cómo trabajar en mis inseguridades para reforzarlas. A empezar a preguntarme y a conocer qué es esto del amor propio y todas las maravillosas herramientas que existen para desarrollarlo. A identificar mis emociones, a reconocerlas y a transformar aquellas «negativas» en «positivas». A desarrollar la capacidad de hacer frente a mis miedos, enfrentar mis propios demonios, identificar mis corazas, encontrar mi verdad, reconocer mi autenticidad y sentirme segura. Habiendo eliminado los miedos de mostrarme al mundo tal cual soy, sin esconder mis heridas, sin temer mostrar las cicatrices, sin lamentarme por vivir marcada.

Y es que la transformación personal que me permitieron experimentar estas y otras muchas experiencias de mierda son el resultado de quién soy hoy:

> Una chica cargada de cicatrices y orgullosa del crecimiento que existe detrás de cada una de ellas.
>
> Corina Randazzo

Lo cierto es que podría escribir una lista interminable de todos los aprendizajes que he acumulado a lo largo de mi vida y, sobre todo, a través de mi historia con los hombres. Podría publicar cien novelas dramáticas de desamor, apegos, infidelidades, maltrato, inseguridades y situaciones con finales poco felices y poco amorosos. Y créeme que sería muy fácil anclarme al drama y autocompadecerme de todo lo ocurrido, vivir desde el arrepentimiento, el victimismo, el enfado, el resentimiento y la negación a volver a creer en el amor. Pero ¿de qué serviría?

Y aquí quería llegar. Ya hemos hablado antes de este tema. Recuerda siempre que **todo en la vida son elecciones**. Y cuando digo «todo» es todo, incluido el sufrimiento. Sí, elegimos el sufrimiento. Entiendo que hay momentos complejos en los que difícilmente podemos transformar el dolor en aprendizaje. No es algo que podamos hacer *in situ* por muy trabajadas que estemos, por muchos conocimientos que tengamos y por mucho que queramos. Es obvio que todo lleva su tiempo y debes aprender a respetar tus propios procesos.

El proceso de luto, el miedo a la soledad, el sentimiento de pérdida, la tristeza, la sensación de abandono, la culpa por haber hecho o haber dejado de hacer, los celos, las inseguridades y un sinfín de sentimientos que puedes experimentar en un momento de ruptura, pérdida de un ser querido o cualquier dificultad que la vida te ponga por delante. ¡Es totalmente normal tener un cúmulo de sensaciones incómodas atravesando tu cuerpo y recorriendo tu mente cuando ocurre algo inesperado que pone a tambalear tu vida sin previo aviso!

Sentir miedo, ira, tristeza, desprecio o asco no es malo. Las emociones no son buenas ni malas, sencillamente son. La cuestión está en poder identificarlas, expresarlas y liberarlas para, solo así, poder transformarlas. No las evites, acepta que son parte del proceso. No evites sentir dolor, sería ir en contra de nuestra naturaleza, es inevitable. No podemos saltarnos la parte que duele. Forma parte de la historia. Es tu historia. Es lo que te hará crecer, cambiar, evolucionar, transformar.

Y ahora dirás: «Pero ¡es que yo no quiero sufrir!». A lo que respondo: «**El dolor no es opcional, el sufrimiento sí lo es. No elijas sufrir**».

Has leído bien, sentir dolor no es malo, todo lo contrario. El dolor es sano, es puro, es genuino y forma parte de la vida, pertenece a ella, con el mismo nivel de importancia de las alegrías y los momentos de calma. En cambio, el sufrimiento sí es opcional. Es un sentimiento negativo y sí es algo sobre lo que debes empezar a trabajar desde ya, sobre todo si tu tendencia es quedarte atrapada en el drama.

El sufrimiento viene cuando nos resistimos al dolor, cuando nuestra mente y pensamientos se resisten al cambio.

Es entonces cuando nuestro ego cobra protagonismo y se apodera por completo de la situación; cuando no contemplas o no admites la opción de soltar, dejar atrás, aceptar que algo ya no es como crees o como quieres, cuando insistes en que tiene que ser diferente o que tiene que ser como tú quieres que sea, cuando te niegas a pasar página... ¡Ahí es cuando surge el sufrimiento!

Porque lo que te pasa simplemente duele, pero **lo que te hace sufrir no es lo que te pasa, sino la historia que te cuentas sobre lo que te pasa.** Una cosa es sentir dolor al contar una historia pasada donde hubo una herida y otra es rememorar la historia desde el sufrimiento, dándole vueltas mientras brotan por los poros de tu piel todo tipo de emociones que vuelves a revivir como tristeza, ira, asco, miedo, etcétera.

¿Resuenas con esto? ¿Te sientes identificada? ¿Lo has experimentado? ¿Continúas experimentándolo? ¿Conoces historias de sufrimiento en tu círculo natural (familia, amigos, pareja)? ¿Ves dramones todo el tiempo, en series de televisión, películas o redes sociales? Lo percibas o no, ¡así es!

Vivimos tan rodeados de sufrimiento que lo hemos normalizado hasta el punto de convivir con él sin siquiera darnos cuenta.

Capítulo 11.
NO CONVIVAS CON EL SUFRIMIENTO. Del sufrimiento a la aceptación

No es sano convivir con personas que han optado por el sufrimiento y viven desde el drama. Por muy familia que sean, debes alejarte. Tomar distancia de quienes amamos es algo que produce mucho rechazo, lo sé. Es más, la primera vez que recibí esta recomendación, mi cabeza explotó. «¿Cómo voy a alejarme de mi familia? ¿Cómo voy a dejar atrás a mis amistades de toda la vida? Entonces, ¿no podré ayudarlas?», pensé.

Cada quien tiene su historia particular y no te diré qué hacer con la tuya, ni mucho menos te aconsejaré que hagas lo que hice yo: mudarme de país, vivir entre montañas, alejarme de todo lo conocido y empezar de nuevo en un lugar donde nadie me conocía y en el que, inocente de mí, creí que había huido de mis problemas y que, al irme, no vendrían conmigo… ¡Error!

Ya te dije que no soy referencia en muchas cosas. Que soy mujer de extremos, que voy con todo o no hago nada y que cometo más cagadas que aciertos por pasarme la vida entre polaridades. Así que no te diré que hagas lo que yo. Pero siempre te animaré a que, en la medida de lo posible y por más que te duela, tomes distancia del sufrimiento para evitar ser absorbida por él. Le pese a quien le pese y le joda a quien le joda.

Aquí no hemos venido a cargar con las mochilas de nadie. Bastante pesa ya la propia como para tener que cargar con la de quienes no quieren responsabilizarse de sus propias cargas.

Y es que muchas veces creemos que ayudamos a los nuestros «solventándoles la papeleta» y estando ahí siempre, cuando lo único que generamos es lo contrario. **Todos necesitamos caer y tocar fondo para renacer y tomar acción desde otro lado.** Esto incluye a nuestros padres, hermanos, amistades y a todas las personas con quienes tengamos un vínculo cercano o a quienes queramos. Aguantamos y toleramos el sufrimiento por miedo a que caigan y seguimos ahí sufriendo a su lado. Es decir, todos perdemos. Unos por querer ayudar y otros por aceptar demasiada ayuda o por no querer recibirla.

«Ayuda» que quizás debas darte a ti misma soltando, dejando de cargar con ese sufrimiento que no te pertenece y permitiéndote seguir adelante en tu camino. «Ayuda» que dejas de dar a otros para brindarte a ti misma la oportunidad de crecer y de ir más ligera de equipaje al liberarte de esa sobrecarga de energía. «Ayuda» que la otra persona dejará de recibir y que, por mucho que patalee, diga y reclame, terminará beneficiándole. Ese otro, por instinto de supervivencia, no tendrá otra opción que tomar acción, cambiar o, por lo menos, entender que tú ya no estás para salvarlo, ni a él ni a nadie. Porque la vida te invita a liderarte y a liderarla, a que la tomes como propia. **Que cada quien se salve a sí mismo,** que cada quien elija qué camino quiere seguir, que cada uno encuentre o no su propósito y que cada quien acepte que nadie es quién para intervenir en los procesos del otro.

Debemos entender que no siempre ayudamos cuando creemos que ayudamos. Me tomó un cojón de tiempo entenderlo y, debo admitirlo, hoy en día no siempre consigo controlarlo. Pues me adjudiqué la medallita de «salvadora» desde bien pequeña y me ha costado un huevo de trabajo soltarla. En ello estoy, Mari, en ello estoy…

> Acostúmbrate a dar ayuda solo cuando te la pidan y, aun cuando así sea, evalúa si dispones de la energía, las herramientas, la capacidad y el tiempo para brindarla. Porque si decir «sí» al otro implica decirte «no» a ti… Entonces, te tocará aprender a decir más «no» a los demás para decirte «sí» a ti primero.
>
> Corina Randazzo

Y ahora que ya has entendido que el dolor es el fiel amigo de esta rueda llamada vida y que el sufrimiento es la podrida rueda del hámster con fuerte olor a mierda que debes evitar, voy a seguir tocándote las castañas un poquito más, para que, aunque sea solo un poco, prestes atención a los entretenimientos y malos hábitos con los que convives.

Contémonos verdad. Tampoco es sano consumir ese tipo de contenido en ninguna de sus formas (seguimos hablando de sufrimiento). Te invito a que sustituyas el contenido dramático por contenido que te enseñe cosas. Desecha ya todas esas películas de Hollywood, historias dramáticas o novelas idealizadas y encuentra documentales, biografías o entrevistas de historias reales.

Todo empieza por reeducar nuestra mente para habituarnos a recibir información externa que nos sea útil para nuestro desarrollo. Piensa que la mente es una herramienta que procesa todo tipo de historias (el 99 por ciento inventadas) a través de la información que captamos de nuestro exterior (en forma de imágenes a través de nuestros ojos y de sonidos a través de nuestros oídos). ¿Qué quiero decirte con esto? Pues que todo influye, que toda la información que recibes del exterior es el alimento de tu mente y que, a su vez, se convierte en la materia prima para darle forma, textura, color y olor a historias llenas de matices, conexiones y conjeturas que son producto de tu imaginación. **Está demostrado que más del 80 por ciento de nuestros «problemas» no son reales, sino que obedecen a historias inventadas por nuestra mente y que terminamos tomando como verdad.**

Te daré un ejemplo: imagina que alimentas tu mente como lo harías con tu cuerpo. No puedes detenerla en la creación de historias, pero puedes influenciarla para que los relatos creados estén en mayor sintonía con el camino que quieres recorrer.

Veamos una realidad. Es común escuchar historias de personas que han nacido y crecido en una familia de emprendedores o dueños de grandes negocios, quienes desarrollan facultades y habilidades empresariales de forma mucho más rápida y exponencial que cualquier otra persona nacida en una familia de trabajadores sin ningún tipo de conocimiento empresarial, ¿las has escuchado?

¿Por qué ocurre esto? Básicamente porque estas personas, desde muy pequeñas, reciben todo tipo de información relacionada con el mundo de los negocios, de forma consciente o inconsciente. Desde conversaciones que escuchan de sus padres o en reuniones y encuentros de negocios y el contenido que se consume en casa (debates en la radio, periódicos y libros de economía, documentales de emprendimiento) hasta los hábitos que ven en sus padres y que han mamado desde pequeños. Hablar, estudiar y tratar temas de dinero, crecimiento personal, éxito, economía, inversiones, libros, referencias y mentores quizás sea de lo más normal para los hijos de estas personas exitosas. Y digo «quizás» porque en todas las historias siempre hay ranas y también es cierto esto de que «en casa del herrero, cuchillo de palo».

En términos generales, la estadística dice que **nos convertimos en aquello que nos rodea**. Es decir, que las posibilidades de que te conviertas en un deportista de élite aumentarán si te rodeas de deportistas de élite, es así de sencillo. Quieras o no, al final siempre acabas desarrollando un perfil que responde al promedio de quienes te rodean, pues como seres sociales que somos imitamos comportamientos, hábitos, palabras, formas de pensar y costumbres de nuestro entorno más cercano, aunque no siempre lo hagas intencionadamente.

Esto significa que, si quieres tener éxito en tu negocio, te irá mejor si te rodeas de gente que ya tenga éxito en sus negocios. Si quieres ponerte en forma, rodéate de personas que ya lo estén. Si quieres mejorar tu autoestima, rodéate de personas que ya tengan una autoestima sana para que puedas imitarlas y reeducar tus conductas y hábitos, de manera que se acerquen a lo que tú deseas. ¿Me hago entender?

A ver, quizás no estoy expresándome bien o estoy queriendo resumir en un capítulo algo que podría llevarme un segundo libro entero. Permíteme intentarlo. Lo que intento decirte con esto, cariño mío, es que o empiezas a tener en cuenta el entorno en el que te mueves, las personas de quienes te rodeas y el tiempo muerto que dedicas a entretenimientos vacíos y a transformar todos esos hábitos insanos que te dominan… o te será mucho más difícil salir de donde sea que sientas que debes salir.

Por enésima vez: recuerda que nada cambia si tú no cambias, reina. Por más que joda y que ya te sepas la teoría de memoria, o te mueves de donde estás y te atreves a salir de tu zona de confort o te quedarás anclada al sufrimiento hasta que tú acabes con él o él acabe contigo. Tú decides. ¡Y todo por miedo a vivir algo nuevo que se escapa de tu control! Porque sí, a todas nos jode que algo se escape de nuestro control, pero ¡es lo que hay! Es la única forma de liberarse, crecer y expandir nuestra conciencia, amiga. Así que espabila.

TAREA 4: NADA CAMBIA SI TÚ NO CAMBIAS

Ingredientes:
- Boli y paciencia.
- 60 minutos (o el tiempo que necesites).
- Espacio de silencio y conexión.
- Una pizca de concentración, amor propio y disciplina.

Ejecución:

1. Antes que nada, haz tres respiraciones profundas y dedícate un espacio de tranquilidad, silencio y reflexión.

2. Saca tu diario emocional y un boli y divide una hoja en dos columnas. En la primera, vas a escribir una lista de hábitos insanos y, en la otra, una lista de hábitos sanos. ¡Escribe contándote verdad!

3. Lee la lista de hábitos insanos y escribe qué estás dispuesta a hacer para transformarlos y lograr que pasen a la columna de los hábitos sanos. ¡Cuidado con querer cambiarlos todos ya y al mismo tiempo! Es imposible modificarlo todo a la vez, mucho menos cuando se trata de hábitos insanos que llevas arrastrando desde hace mucho tiempo.

No te estoy proponiendo esta tarea para que te sientas mal, te machaques y te frustres al darte cuenta de todo lo que está mal en tu vida. Más bien te invito a que te permitas un espacio de calma y reflexión en el que te cuentes verdad y plasmes en el papel cuáles crees que son aquellas dificultades o limitaciones que están ahora mismo bloqueando tu crecimiento.

A veces, basta con pequeñas tomas de conciencia para que luego, con cabeza, coherencia, compromiso y mucho amor propio, seas capaz de afrontar lo que toque. Lo integrarás paso a paso, abarcando de a poco, seleccionando, en orden de prioridad, por dónde sientes que debes empezar a cambiar.

Te pongo a continuación una lista de ejemplos para facilitarte la tarea. Siéntete libre de hacerla a tu manera y modificarla cuando lo sientas.

HÁBITOS O COSTUMBRES EN CONTRA DE TU CRECIMIENTO Y BIENESTAR

- No duermes lo suficiente o duermes en exceso.
- Comes en exceso o comes muy poco.
- Consumes alcohol.
- Vives en un contexto de estrés y violencia.
- No realizas actividad física.
- Estás mucho tiempo sentada.
- Comes refrigerios o demasiados alimentos procesados.
- Consumes demasiado azúcar.
- Tomas demasiados medicamentos.
- Te preocupas demasiado.
- Eres muy controladora.
- Eres muy autoexigente contigo misma y con los demás.
- Temes hacer planes sola.
- Fumas o te drogas.
- Criticas o te quejas con facilidad.
- No aceptas que las cosas no sean como tú quieres.

- Mandas mucho a los demás.
- Sientes ira o rabia de forma desproporcionada.
- Insultas.
- Mantienes un diálogo interior negativo.
- No dedicas tiempo a cuidar tu aspecto físico (piel, uñas, pelo...).
- Vives con desorden y falta de planificación.
- No te comprometes con tus propósitos.
- Te falta iniciativa.
- No dedicas tiempo a hacer planes que te gustan (bailar, dibujar, ir al teatro, nadar...).
- No sabes qué te gusta.
- Gastas más de lo que tienes.
- No administras bien tu dinero.
- Pasas muchas horas en redes sociales o en plataformas de entretenimiento.
- No cocinas ni consumes productos de calidad para tu salud.
- Llegas tarde o temprano a las citas.
- Faltas a tu palabra, prometes cosas que no cumples.
- Empiezas proyectos y no los terminas.
- Vas en coche a todas partes por no caminar a diario.
- Vas siempre con prisas por no organizar bien tu tiempo.
- Dices que sí a todos los planes, aun sabiendo que no deberías.
- No sabes decir «no» y ponerte a ti primero.
- No tienes en cuenta el medioambiente; no reciclas ni regulas tu consumo, aun sabiendo que quieres empezar a hacerlo para vivir más alineada con tus valores.
- Hablas mal a tu pareja y ya no te diviertes con él o ella.
- Bebes poca agua.
- No tienes el hábito de leer.
- Te cuesta empezar cosas nuevas.
- Tiendes a estresarte porque tu agenda siempre está cargada de tareas importantes.

- No tienes fuerza de voluntad y siempre acabas comiendo alimentos poco o nada saludables que tienes por casa.

HÁBITOS Y COSTUMBRES QUE PUEDES INCORPORAR PARA MEJORAR TU CRECIMIENTO Y BIENESTAR

- Programa citas semanales para hacer ejercicio. Por mucho que cueste, amiga mía, ya sabes que la salud es importante y más pronto que tarde tendrás que empezar a tomártela en serio. Apúntate a clases de algo que te guste y, si no sabes qué te gusta, ve probando distintas disciplinas hasta dar con aquello que resuene contigo. Pero ¡muévete!
- Adopta el hábito de tomar tés antes o después de cada comida. Es una buena forma de empezar a beber más agua. Yo lo hago y me funciona.
- Participa en un club de lectura. Si no tienes el hábito de leer, esto puede inspirarte. No pierdes nada por probar.
- Intenta hacer algo nuevo una vez por semana.
- Disfruta de un té de manzanilla al acostarte para dormir mejor.
- Vete a caminar cuando tengas ganas de fumar y conviértelo en un sustituto saludable.
- Organiza una cosa importante al día (no más de una).
- Agenda un espacio de tiempo para ti y, en ese espacio, haz algo que realmente te guste hacer y disfrútalo.
- Cada día, haz pausas de descanso sin interrupciones ni tecnología, aunque solo sea por algunos minutos; te ayudarán a calmarte y evitarán que vayas con el piloto automático todo el tiempo.
- Adopta un ritual que anheles hacer cuando sientas demasiada ansiedad. Si no lo tienes, puedes inventarlo. Yo tengo muchos, uno de ellos es dedicarme un día entero de mimos en el que me doy baños calientes, hago una sesión de belleza, me doy un masaje o algún tratamiento, descanso, veo una película de Disney, pinto, practico

yoga... Básicamente, me dedico un día completo a mí, a mimarme y a darme caprichos sanos.

- Disfruta de un rato de juegos cada día. Saca un hueco al día para hacer algo que disfrutes; puede ser bailar (es algo que practico mucho), puede ser dibujar, cocinar, leer... o incluso ponerte monólogos que te hagan reír un buen rato. Aquí la idea es que reserves un rato de diversión contigo a diario.

- Encuentra el modo de comer verduras. Hay mil formas hoy en día de dar con recetas fáciles y rápidas que le den vida y color al plato. La gran mayoría de las personas que no comen verduras no es porque no les gustan, sino porque jamás se han habituado a comerlas y creen que no van a disfrutarlas. Es falso. Solo tienes que querer probarlas de otra forma y comprometerte a dar con platos y recetas que te gusten.

- Ve con el estómago lleno al súper. Esto parece una chorrada, pero funciona, sobre todo si eres de los que dicen no tener fuerza de voluntad. Si no lo tienes, no lo consumes. Así de fácil. Y el primer paso es no comprar aquello que de entrada se sabe que no es saludable y que encima es una tentación. Hazme caso y comprarás con la cabeza y no con la gula.

- Muévete, aunque trabajes desde casa. Somos muchas las que hemos pasado temporadas largas de teletrabajo en casa, pero eso no puede servir de excusa ni pretexto para no movernos. Hay mil y una plataformas digitales para entrenar desde casa si no quieres ir al gimnasio. Otra opción es comprar una cinta o bici estática y realizar parte del teletrabajo andando o pedaleando. O puedes atender tus llamadas mientras das un paseo. Sea como sea, muévete. Es importante. Se trata de tu salud.

- Limita el uso de la tecnología. Desactiva todas las notificaciones del teléfono. Establece zonas o momentos del día sin teléfono. Hazlo como quieras, pero toma acción al respecto. Una vez que tomes conciencia del tiempo que pierdes entre pantallas, verás cuánto tiempo empiezas a tener para tus cosas (esas que decías que no podías hacer por no tener espacio en tu agenda).

- Apaga todas las pantallas un día a la semana. 24 horas sin tecnología, una vez por semana. Te invito a autorregalarte este espacio para ti o para disfrutarlo con tu pareja, si es que tienes. No hacer nada que requiera de pantallas durante 24 horas puede generar un espacio de conexión, calma e incluso creatividad que no sueles tener. Y no me creas, compruébalo. Piensa en planes que podrías hacer sola o disfrutando con tu pareja, durante un día completo, sin pantallas. ¡Wow!, a mí se me ocurren mil, pero prefiero que uses tu imaginación...

- Mejora la relación con tu pareja. Convierte el lavado de platos en un baile. Convierte algo que ambos detestéis en un momento de juego o diversión. Fija un día a la semana para disfrutar solo entre vosotros, como una cita. Sorpréndelo llevándolo a un parque de atracciones o comprando disfraces y vino... Ponte hermosa y llévatelo a cenar, escribe una carta expresando todo lo bueno que tiene y lo que admiras de él... Vete de acampada o escapada a cualquier sitio como autorregalo de ambos para ambos... Si de verdad quieres disfrutar más con tu pareja, ten la iniciativa y no te quedes esperando sentada a que ocurra algo nuevo. Actúa.

- Todas las noches antes de dormir, agradece. Es algo que hago cada noche y lo seguiré haciendo hasta que deje de existir. Mi ronda de agradecimiento diaria ya es un hábito, pues, por muy cansada o muy mal día que haya podido tener, en cuanto conecto con la gratitud mi energía cambia por completo. Y, si algo me tengo prohibido en esta vida, es irme a la cama cabreada. Te invito a hacer este repaso de agradecimientos para empezar desde ahí a entrenar la «no queja».

- Conquista la soledad. Encuentra espacios y actividades para estar a solas contigo. (Esto lo detallaré más en un próximo capítulo, donde te contaré cómo aprendí a estar sola).

- Mantén cerca tu lista de seres queridos. Comunícate con frecuencia con tus seres queridos. Diles que los quieres más a menudo. No te comuniques solamente cuando estés bien y aprende a comunicarte también cuando necesites ayuda o cuando sea propicio que alguien te escuche.

- Escribe un poquito en tu diario cada día. ¡Escribe! Ya sabes todo lo que te brinda escribir.
- Cuida tu piel. Aplícate protector solar todos los días. Regálate tratamientos y cuidados corporales de vez en cuando, permítete esos caprichos que tan bien te hacen y tanto mereces. No esperes a estar mal de la espalda para visitar a tu fisio o a estar estresada para decidir irte a un spa. Regálate tiempo de calidad contigo y disfrútalo al máximo. Lo mereces.
- Limita tus vicios. Dale un descanso al televisor. No seas tan impulsiva al comprar en internet.
- Protege el medioambiente. Guarda los restos de comida en recipientes de vidrio en vez de plástico. Elige productos sin fragancia. Elige frutas y verduras orgánicas y de temporada. Recicla. Reduce el consumo de carne.

Podría continuar y darte un sinfín de posibles mejoras que podrías aplicar poco a poco en tu día a día para mejorar tu relación contigo misma y para ser fiel al compromiso de cuidarte, respetarte y quererte. Solo así estarás en posición de merecer cuidado, respeto y amor. **Recuerda que todo empieza en ti y acaba también en ti.** Recuerda que no puedes esperar a que otros muevan las fichas de su tablero para luego mover las tuyas. Que nadie es culpable de tu malestar ni nadie va a salvarte de donde sea que creas que debas salir. Que o te responsabilizas y tomas acción o alguien se encargará de hacerlo por ti. Pero, créeme, en la segunda opción no ganas.

Con este ejercicio en tu diario emocional, podrás analizar cuáles son las piedras que están entorpeciendo tu camino y cuáles debes empezar a mover para poder dar el siguiente paso. Un paso que te acerque más a vivir una vida con propósito. Una vida de la que te sientas orgullosa.

Mes a mes, o incluso semana a semana, ve verificando cómo has avanzado en tu lista de «hábitos y costumbres a mejorar». Y, ¿por qué no?, regálate un premio cada vez que logres eliminar uno de los pedruscos, sobre todo esos que parecían imposibles y, aun así, ya has logrado erradicar.

Dejo los regalos a tu elección, pues cada quien tiene sus gustos. Lo que sí que te revelaré es que mis autorregalos más grandes, esos que me brindo cada vez que doy un gran paso en mi lista y consigo quitarme un pedrusco del camino, son mis viajes a solas conmigo misma. En el siguiente capítulo te contaré más sobre esto. Pero antes ¡dale al botón de *pause* **y cumple** con la tarea de hoy!

De poco sirve este libro si no se aplican las herramientas que te comparto.

Y créeme... Sé que tu mente pensará que es un coñazo, porque lo es. Sobre todo en este momento, cuando con tanto consumo de tecnología hemos acostumbrado a nuestra mente a recibir gratificaciones instantáneas sin ningún tipo de esfuerzo, toda esa generación de dopamina que generan las redes sociales nos atonta y nos aleja por completo de la conexión con nosotras mismas.

Así que créeme, que sé bien que la mente insistirá en que **no es el momento y que ya lo harás mañana**. Te aconsejo que no le hagas ni caso. **Que te permitas esta pausa** y que **cumplas** con cada una de las tareas en el orden propuesto.

Te recuerdo que nadie hará el trabajo por ti y que, si de verdad quieres **cambios en tu vida y en ti**, quizás toque no hacer lo que haces siempre... Sí, eso de dejarlo todo para después cuando se trata de pausar, indagar en ti, mirar dentro y contarte verdad...

¡Permítete y regálate este espacio terapéutico contigo misma!

Capítulo 12.
«CORINA, ¿CUÁNDO VAS A ENCONTRAR PAREJA?». Tu compañero de viaje... El amor que merecemos

Mientras escribo este capítulo recuerdo que la noche del jueves 11 de mayo de 2023 le enseñé a mi madre esta misma herramienta que te compartiré, después de que me lanzara su pregunta bomba: «¿Cuándo vas a encontrar pareja, Cori?».

¿Para qué preguntó nada? Jajaja... Como si no supiese que tiene una hija con complejo de terapeuta... Enseguida saqué mi diario y me puse a leer punto por punto todo lo que «ese hombre» debería cumplir para tener el enorme privilegio de ocupar el lugar tan único, exclusivo e irrepetible de ser mi pareja ¡Tal cual lo lees, Mari!

¡Y sí! Sé que ahora estarás pensando: «Pero ¡qué flipada, cuánto ego tiene esta mujer, menudos aires de grandeza!». A lo que te responderé con mucha claridad y honestidad, porque no sé hacerlo de otra forma: «**¿Acaso no merezco recibir lo mismo que yo ofrezco?**».

¿Sabes que tu pareja es una representación de lo que tú crees merecer? ¡Venga! Haz una pausa. Cierra el libro y piensa un poco en la pregunta. O, mejor, en la respuesta. ¡Tal cual lo lees, amiga! Tu pareja es una representación de lo que crees merecer. Te guste o no. Te cueste verlo o no, ¡es así!

Y ahora dirás: «Pero ¡yo no merezco que me sea infiel, ni que me hable mal, ni que me ignore, ni que no me escuche, ni que no me demuestre su amor…!». A lo que te respondo, ¡lee con atención! No es que lo merezcas. Claro que no lo mereces. Es lo que, en el inconsciente, crees merecer, que es distinto. Por eso lo aceptas, por eso sigues a su lado y por eso aguantas y toleras todo lo que estás aguantando y tolerando. Porque, por mucho que te joda lo que estoy diciéndote, es una realidad. Crees merecerlo y por eso sigues ahí. Si tuvieses la claridad de lo que sí mereces, sencillamente dejarías de conformarte con menos. Ahora sí, ¡vamos a por otra supertarea!

TAREA 5: LA PAREJA QUE MERECES

Ingredientes:
- Boli y paciencia.
- Estado de calma y coherencia.
- Importante. No puedes avanzar al siguiente paso sin haber finalizado el anterior.

Esta tarea te va a gustar. O quizás sea una hostia de realidad en toda tu cara, según tu nivel de conciencia y, sobre todo, según tu nivel de coherencia. Sea como sea, incluso si es una hostia, mejor que te la des a ti misma para recular a tiempo y trabajar en mejorar. ¿No crees?

Aquí es cuando viene este maravilloso ejercicio que me ayudó a verlo claro y conciso. Así que saca tu diario emocional, que empezamos.

Antes de continuar es importante que tengas en cuenta que:

No me vale que hagas las tareas con prisa ni con ruido ni con gente. Debes crear un espacio tranquilo. Vete al campo, al jardín, a la playa o a un rincón de tu casa donde nadie te moleste y puedas sentir refugio, hogar. Te invito a que, si puedes, hagas estas tareas siempre conectada con la naturaleza, en algún sitio tranquilo y abierto, donde puedas evitar las distracciones. Y, sobre todo, en un momento del día en el que puedas reservarte para ti sin ninguna prisa. Dicho esto, si hoy no es el momento, entonces no hagas esta tarea. Guárdala para el fin de semana y no sigas avanzando con el libro.

Tampoco leas la tarea completa. Es importante que, para que este ejercicio funcione y tenga el efecto que diseñé que tenga, cumplas paso por paso y no avances siquiera a leer el paso 2 sin haber terminado antes el paso 1.

¿Lo entiendes?, ¿te ha quedado claro? Si no es así, entonces vuelve a leer el párrafo completo.

Es importante que vayas cumpliendo con el ejercicio a medida que te lo indique y que no te adelantes ni leas lo que viene después.

Si no es el momento, pausa la lectura y sigue avanzando cuando dispongas de espacio, tiempo y calma.

Ahora sí, empezamos.

Ejecución:

PASO 1:

Toma una hoja en blanco de tu diario y escribe con mayúsculas en el centro: «compañero de vida». Puedes hacer un círculo alrededor y añadir los colores que tú quieras dentro del círculo. Siéntete libre de hacerlo como sientas.

Solo si ya lo has hecho, puedes pasar al paso 2…

PASO 2:

Ahora, necesito que, sin juicio ninguno y sintiéndote totalmente libre de pedir lo que quieras, te permitas crear tu carta a los Reyes Magos. Es decir, vas a crear a «tu hombre ideal», a «tu pareja perfecta».

Te pido que, desde el círculo creado, empieces a dibujar flechas hacia afuera, escribiendo de forma clara una cualidad, talento, característica o cualquier cosa que quieras que tenga, sea o haga tu pareja.

Recuerda que puedes pedir lo que quieras, lo que sientas, todo lo que desearías que cumpliese si pudieses dibujarlo.

Recuerda que es tu carta de Reyes y puedes pedir lo que te dé la gana.

Te doy algunos ejemplos para que empieces a inspirarte:

Es amable con todo el mundo. Es alto y atractivo. Cuida su cuerpo y ama el deporte. Le encanta salir a correr. Dispone de solvencia económica. Es empresario. Tiene una muy buena gestión emocional. Desea formar familia. Es fiel y honesto. Cuida de su familia y los trata con amor y respeto. Ama los animales y colabora con protectoras. Tiene educación financiera y entiende cómo funciona el dinero. Es muy cariñoso y cercano. Es comunicativo y expresa lo que siente sin temor. Desea ser padre (o no quiere tener hijos). Dedica tiempo a su propio desarrollo personal. No fuma ni bebe. Es deportista. Le gusta la naturaleza y cuida de ella...

Y podría darte una lista interminable de cualidades, gustos, características y talentos como ejemplo, pero no quiero. Prefiero que le des vueltas al coco y te tomes tu tiempo para pensar: cómo sería, qué haría, qué tendría, cómo piensa, cómo se comunica, cómo te trata, cómo es su vida, sus gustos, sus hobbies... ¿Puedes dibujarlo?

En serio. Siéntete libre de pedir lo que sea que quieras, siempre y cuando de verdad sea algo importante para ti. Toma el tiempo que necesites en hacer el paso 2 y no avances hasta haber terminado. Cuanto más completo y preciso sea lo que describas, mucho mejor.

Así que hazlo con calma y permítete meditar y pensar en **todo aquello que deseas que sea, tenga o haga** tu compañero de vida ideal.

¡No avances al paso 3 hasta que no hayas terminado con el paso 2! No hay prisa. Tómatelo con calma. Es tu momento.

PASO 3:

Aquí viene mi parte favorita de este maravilloso juego de toma de conciencia sobre la pareja a la que aspiramos alcanzar. Ya lo tienes, ¿no? Ya has creado esa lista de todo eso que deseas que sea, haga y tenga esa persona especial, ese compañero de vida. Pues muy bien.

Atenta ahora porque voy a pedirte que cojas otro rotulador, del color que sea, y taches a ese supuesto «compañero de vida» situado en el centro de la hoja y pongas tu nombre completo. Tal cual lo lees. Hazlo ahora y continuamos.

PASO 4:

Cuarto y último paso de la tarea de hoy.

Te pido que respires profundo unas tres veces y que te relajes. Sobre todo, necesito que te cuentes verdad y contestes con sinceridad. Si no, este ejercicio no valdrá de nada.

Dime, ¿cumples tú con todas esas demandas? ¿Eres, tienes y haces toda esa lista de deseos que pides que el otro sea, haga y tenga?

Aquí suelen ocurrir dos cosas. O tragas saliva y sientes como que te cae un jarrón de agua fría viendo que pides mucho más de lo que das y esperas mucho más de lo que eres... (Buena señal, pues implica reconocer en qué debes mejorar y trabajar para cumplir con eso tan importante que esperas del otro). O bien, te alegras y das palmadas en el aire al reconocer y tomar conciencia de que no estás siendo exigente, amiga, estás pidiendo lo que mereces. Pues lo que una merece es lo que una es capaz de ofrecer. Así de sencillo.

> Y es que el primer paso que una debe seguir antes de iniciar una relación de pareja, sin duda, es reconocer qué ofreces para saber qué mereces.
>
> Corina Randazzo

Recuerdo la cara que puso mi madre cuando le saqué la lista de todas esas cualidades, habilidades, talentos y característi-cas que debería cumplir mi compañero de vida tras su pre-gunta estrella: «¿Cuándo vas a encontrar pareja, Cori?».

Lo mejor de esa escena fue ver cómo su cara se iba desfigu-rando por momentos mientras yo leía en alto esa enorme lista inacabable de mi carta a los Reyes… Jajaja. Me río mientras escribo esto porque de verdad que fue un cuadro. Si en algo me parezco a mi madre, es en la imposibilidad de no expresar lo que pasa por cada poro de nuestra piel. Ambas somos libros abiertos, es decir, que siempre puedes saber lo que pensamos y sentimos con solo mirarnos a la cara. Si estamos cómodas o no, si nos cae bien alguien o no, si estamos nerviosas o no, si estamos felices o no… Tooodo se nos nota de inmediato, pues nos es imposible disimular. Pues eso…, un puto cuadro, ¡jajaja!

Al acabar de leer la infumable lista que tengo guardada en mi libreta y sobre la cual voy añadiendo más flechas cada vez que tengo algo nuevo que pedir, mi madre comenzó a reírse. A reírse mucho. Mientras, movía la mano derecha de arriba abajo, cual argentina de pura cepa, con las yemas de los dedos unidas en el centro, como diciendo: «Pero ¡qué me estás contandooo!», ¡jajaja!

—Pero, gordita, ¿qué querés? ¿Morir sola? —dijo mi ma-dre algo preocupada.

—No, mamá. Pero estoy dispuesta a vivir soltera el resto de mi vida antes que conformarme con menos de lo que merezco —respondí.

Fue entonces cuando puse mi nombre en esa lista y le pedí que me dijese si acaso alguna de todas esas cualidades que pedía no eran cosas que yo ya cumplía.

Y es que en eso consiste el amor de pareja. En dar con quien te merece y a quien tú mereces para poder seguir construyendo una vida en equidad, donde no haya que pedir, tan solo dar. Pues no se exige lo que no se tiene ni se pide lo que uno no es capaz de dar.

Corina Randazzo

Te animo a que reflexiones sobre la toma de conciencia que hayas sentido con el ejercicio y te permitas modificar, tachar, añadir y garabatear todo lo que te dé la gana en tu diario emocional. Sé que soy pesada, pero, de verdad, no hay forma de hacer mal el ejercicio. Sea lo que sea que haya salido será correcto. Así que no te machaques. Esto no es para que te sientas mal. Todo lo contrario. Esto te permite tener algo más de claridad y coherencia en qué es aquello que esperas, en qué es aquello con lo que estás conformándote e, incluso, es una tarea que te ayudará a reaccionar y a reflexionar sobre la persona que ahora mismo tienes como compañero de vida.

¿Estás recibiendo aquello que das? ¿Cuánto de esa lista tienes tú y tu pareja no cumple? Eso que no cumple, ¿está siendo trabajado para mejorar, acaso existe forma de que lo cumpla o lo descartas por completo? Y, si lo descartas, ¿vale la pena que sigas a su lado? ¿Qué tanto te repercute que no cumpla con eso que crees necesitar? ¿Acaso no crees merecer lo que tú eres y recibir lo que tú ofreces?

Podrán surgir cientos y cientos de cuestiones diferentes que te hagan reflexionar y tomar o no acción. Créeme que no pretendo que tras este ejercicio aumente la tasa de divorcios a nivel exponencial, o sí, no lo sé. Lo único que pretendo es que, sea como sea, estés en la situación que estés, sean cuales sean tus circunstancias, al menos te ayude a ver con más claridad aquello que quizás no habías podido ver antes.

Personalmente, te diré que llevo bastante tiempo soltera, y tan feliz. Quizás cuando leas esto ya no lo esté y me veas presumiendo de compañero de vida por las redes. No lo sé ni me preocupa. También te diré que mi lista va modificándose y siendo cada vez más precisa y detallada, pues a través de las experiencias que voy viviendo con los hombres que voy conociendo por el camino voy mejorando y perfeccionando qué es aquello que deseo y, por consiguiente, qué es aquello que puedo mejorar en mí.

Porque una cosa te diré, y atiende bien a esto. Tener claro cómo quieres que sea ese compañero de vida no significa que no puedas conocer por el camino a personas que no lo sean. Personas con las que vivir historias maravillosas, romances, aventuras o como quieras llamarlo. Personas con las que compartir, viajar, hacer el amor, disfrutar y, sobre todo, aprender, aun sabiendo que no son ni serán tus compañeros de vida. Si acaso, tus compañeros de viaje durante el tiempo que decidas viajar con ellos.

Y dirás: «Pero ¡¿qué cojones dices, Corina?!». Tranquila. A veces ni yo misma me entiendo. O sí. Pero cuesta expresarlo para otros. Pues lo que siento, vivo y pienso a veces es tan diferente a lo que se acostumbra que, a veces y solo a veces, se me complica ponerlo en palabras.

Miento. Esto me ocurre la mayoría del tiempo, pero seguiré intentándolo. Lo que intento decirte con esto es que, cariño, jamás te cierres a la maravillosa experiencia que nos brinda abrirnos al amor. No tengas miedo a amar y recibir amor. No esperes que algo sea perfecto para abrir tu corazón. Tan solo reconoce tu valor y permítete vivir lo que sea que quieras vivir, sin dejar de reconocer quién eres durante el camino. Sin dejar de reconocer tu merecimiento. Sin bajarte de tu silla. Sin que se te caiga la corona, esa que todas llevamos y que solo requiere que seas capaz de reconocerla. Que vivas. Que conozcas nuevas personas y te permitas vivir breves o largas experiencias de amor desde la libertad.

Reconozco que puede sonar algo contradictorio. Soy consciente de que no todo el mundo está preparado para vivir experiencias de amor sin construir una «historia idealizada para toda la vida» detrás de cada una de ellas. Normal. Toda la vida nos han educado y hemos sido entrenadas para creer que formar una familia y vivir felizmente casadas con una única persona hasta que la muerte nos separe es el propósito de nuestras vidas. O, al menos, uno de los más importantes. Y que no cumplir con ello es visto como un fracaso.

En ocasiones, incluso no solo es visto así por los demás, sino también por nosotras mismas. Un sentimiento de miedo muy profundo y muy arraigado, que yace y crece en lo más profundo de nuestras entrañas a medida que van pasando los años y ese propósito sigue sin cumplirse. Es una especie de dolor escondido y camuflado del que poco hablamos y compartimos incluso entre nosotras. Cada vez que se abren debates entre amigas, todas parecen fingir estar bien y felices estando solteras y alardeando de «yo estoy de puta madre sin hombres en mi vida»… Como si solo pudiéramos estar en uno de los bandos; en el de las «felizmente» casadas (o en relaciones estables) o en el bando de las solteronas aborrecedoras de hombres que llevan tatuada en la frente: «¡Atrás, Satanás!», «¡Cuidado que muerdo!» o «Soy una mujer herida, así que ve con cuidado».

Y créeme, en ocasiones o dudo que se vivan revelaciones y sensaciones de sentirse en paz y tranquila durante la etapa de soltería. Pero solo en ocasiones. Pues **todas, todos y todes somos y vivimos deseosos de recibir amor y dar amor, en todas sus formas**. Y, sobre todo, en una relación de pareja. Pues estas aparecen y son necesarias para nuestro propio progreso y evolución personal.

Así que créeme cuando digo que «estar soltera» es una elección consciente que tomé hace años y que firmemente creo. E, insisto, todo el mundo debería permitirse experimentarlo durante una larga etapa de su vida como camino de autoconocimiento. Ese que nos permite saber quiénes somos cuando estamos a solas, cuando no hay nadie al lado, cuando tus decisiones son solo tuyas y las responsabilidades no son compartidas.

Ese camino que permite crear un vínculo más preciso y cercano a tu ser, a tu alma, a tu esencia, a conocer quién eres de verdad. Ese espacio en el que tu tiempo, energía, creatividad, dinero y talento están solo a tu merced y solo tú tienes y sientes el poder de hacer el mejor uso de cada uno de ellos. Un espacio en el que maduras, te haces responsable y tomas el mando de tu vida.

Un camino que llevo ya un tiempo recorriendo y que mañana puedo decidir compartir junto al camino de alguien más. O no. Quién sabe…

Lo que sí sé es que, independientemente de cuál sea el destino que el universo me tenga preparado en cuanto a relaciones de pareja se refiere, jamás dejaré de creer, vivir y gozar del maravilloso regalo de amar y recibir amor. Sin miedo, sin límites, sin el temor a «volver a sufrir».

Porque todas merecemos aprender a disfrutar del magnético mundo del amor, en el cual eliges vivir experiencias espontáneas, divertidas y apasionadas cuando así lo sientas, sin apego, sin idealización, sin poner expectativas sobre esa otra persona. Aprendiendo a experimentar el amor desde una energía diferente, desde el otro lado de la vida, el que te permite crecer, jugar, aprender y vivir sin miedo a lo que pasará mañana, sin miedo a sentir, sin miedo a amar. Una energía que aporte nuevas vivencias, orgasmos, conocimiento, viajes, momentos y mucho aprendizaje para conocernos mejor, para romper con nuestras propias limitaciones y disfrutar un poco más de nuestro tiempo de vida. Porque a veces se nos olvida que solo estamos de paso.

En resumen:

- Recuerda que tienes la capacidad de elegir. ¿Qué quieres?
- Pregúntate qué quieres hoy y actúa en coherencia. Utiliza el método *ikigai* (capítulo 9) para profundizar más en esta cuestión.
- ¡Toca mirar hacia dentro! ¡Toca alejarse del ruido! ¡Toca trabajar en ti!
- Recuerda siempre que tenemos la maravillosa capacidad de elegir no sufrir. Ya sabes: el sufrimiento es opcional, el dolor es inevitable. Creces cuando eres capaz de transformar el dolor en aprendizajes. Para ello es necesario sentirlo, pasar por todas sus fases y emociones y, finalmente, trascenderlo y continuar siendo una versión mejorada de ti misma.
- ¿Quieres ser una persona saludable? Rodéate de personas que ya tengan esos hábitos. ¿Quieres ser un gran empresario? Rodéate de personas que ya tengan éxito en sus negocios. Elige bien a las personas de quienes te rodeas, la información que consumes y los lugares que frecuentas. La suma de todo esto determinará tus futuros resultados.

- Elige la pareja que mereces, pero antes reflexiona: ¿ofreces lo mismo que pides a tu compañero de vida ideal? ¿Recibes lo mismo que le ofreces a ese compañero de vida actual? Recuerda dedicar tiempo y paciencia para realizar la tarea 5 y profundizar en esta reflexión.

PARTE III
AMOR PROPIO

Capítulo 13.
AMOR Y LUNA. Parte de mi historia

Dicen que cada uno de nosotros somos el resultado de la suma de nuestras propias experiencias. Y lo cierto es que así es.

Si echo la vista atrás, podría decir que mis momentos más fuertes, los de mayor intensidad y carga emocional, siempre han estado relacionados con el «amor» y el «desamor». De hecho, si me paro a recordar algunos de ellos en detalle, prometo que el vello se me eriza y el corazón se me encoge.

Y es que todos hemos sufrido «mal de amores». Quizás algunos más que otros y quizás otros en peores circunstancias… Pero, si somos honestos, todos hemos estado jodidos y a todos nos han jodido «por amor».

Recuerdo no «haber tenido suerte» con mi primera pareja. Iniciamos la relación cuando yo tenía tan solo catorce años y él dieciséis. «Pero ¡si erais unos críos!», pensarás. A esa edad casi ninguna relación acaba en «fueron felices para siempre». Podría decirse que, en el 99 por ciento de los casos, las relaciones de la adolescencia son efímeras. Muy pocos acaban casándose con su primera pareja, pero seguramente en la mayoría **sí influye y afecta** esa primera relación, la cual puede determinar tu forma de ser y, sobre todo, tu forma de comunicarte en futuras relaciones.

Pues en mi caso la primera relación de pareja fue realmente una mierda. Me llevé todo lo malo que puede haber y ocurrir en una relación. Fue tóxica, humillante y tuvo consecuencias totalmente destructivas para mí. No voy a entrar en detalles porque no es un tema que quiera tratar por aquí, pero sí os diré que esa experiencia marcó los próximos años de mi vida en todos los aspectos. Las parejas que vinieron después vivieron todas «mis taras» y padecieron las secuelas emocionales a causa del cabrón número uno, que, creedme, no fueron pocas.

Pero la realidad es que, **si no fuese por el conjunto que forman todas mis experiencias, incluyendo las que huelen a mierda, no sería la mujer que soy hoy**. De aquí me regreso a lo que os comentaba al principio, somos el resultado de nuestras experiencias y, nos guste o no, son las más jodidas las que nos empujan a crecer, a madurar y a tomar conciencia (al menos sobre lo que no queremos).

Hoy quiero agradecer al cabrón que me dejó por otra, al cabrón cuyas palabras y acciones hicieron que me sintiera pequeña en mis primeros años de relaciones de pareja y, al más cabrón de todos, por un día decidir abandonarme sin ninguna explicación. Desde aquí quiero deciros: «¡¡¡GRACIAS, CABRONES, POR EMPUJARME A SER LA MUJER QUE SOY HOY!!!».

Porque sufriendo por cada uno de vosotros me hice fuerte. Porque luchando por recuperarme aprendí que un corazón puede recomponerse mil veces. Porque ver el suelo de cerca me dio el empujón que necesitaba para atreverme a volar y porque vivir el desamor me enseñó a amar mejor. ¡¡¡Porque conseguí ser toda una guerrera gracias a las batallas que vencí contra vosotros!!! ¡¡¡GRACIAS!!!

Texto escrito el **04/06/20**

Desde el principio de este capítulo he escrito la palabra «amor» entre comillas, te voy a contar por qué. Y es que a día de hoy mi concepto sobre el «amor» ha cambiado por completo. Es más, no me gusta usar esta palabra con mucha frecuencia porque creo que está totalmente prostituida. Hoy llamamos «amor» a cualquier cosa. Cada día observo situaciones de personas usan la palabra «amor» de forma constante, mientras que en sus ojos y en sus actos observo lo que podría denominarse contrario al «amor». Lo veo en amigos, lo veo en mi propia familia, en las redes sociales, en los carteles, en los anuncios, en personas que ni siquiera conozco y que con tan solo observar un rato ya puedo ver lo poco que entienden del significado de esta palabra… Amor, amor, amor.

Se dicen «te amo», pero no se soportan. Dicen querer «encontrar el amor» sin saber qué buscan. Dicen «estar enamorados» del otro, cuando ni siquiera sienten amor por sí mismos.

Hemos tergiversado el significado de la palabra «amor». La hemos pisoteado, manoseado y deformado hasta el punto de esparcirla a los cuatro vientos como si nunca fuese a deteriorarse. **Hoy en día llamamos «amor» a todo aquello que, en su esencia, se opone a este sentimiento.** Llamamos «amor» a la dependencia, llamamos «amor» a la carencia emocional, llamamos «amor» a la obsesión, llamamos «amor» al deseo sexual, incluso llamamos «amor» al aburrimiento y a la toxicidad.

Pero ¿por qué? ¿Por qué no llamamos a cada cosa por su nombre? ¿Por qué engañar y, lo que es peor, autoengañarnos, haciéndonos creer que sentimos amor, necesitamos «amor» o damos «amor» cuando no sabemos lo que esto significa? Y no me vengas con el típico argumento sin sentido de que «cada uno siente el amor a su manera», porque te diré que asumirlo así es lo que hace que llamemos «amor» a cualquier cosa.

Es por este motivo que, durante esta breve reflexión, sustituiré la palabra «amor» por la palabra «luna».

Y diréis: «¿¿¿PARA QUÉ???».

A lo que yo os respondo: «Será un ejercicio que tiene como fin resignificar el verdadero amor, que es solo uno y empieza con el amor propio, con amarnos a nosotros mismos».

Entonces, el ejercicio que te invito a hacer es el siguiente:

Cada vez que leas la palabra «luna», **evitarás** relacionarla con la creencia arraigada y errónea que tienes del «amor». Comenzarás por asociar a la palabra «luna» todo el trabajo que harás para reestructurar tu autoconcepto de amor propio.

Esta es una manera sutil de «engañar» a nuestro cerebro, que ayudará a que crees nuevas distinciones y, a partir de ellas, nuevas experiencias.

Conclusión: diré «luna» cuando nos refiramos al «amor», al concepto ampliado, auténtico y verdadero del amor. Por ejemplo, diré: «Me luna» o «Mi luna» y significará «me amo» o «amor propio».

¡Empecemos!

Y es que el «mi luna» (amor propio) es donde debemos poner toda nuestra atención, toda nuestra paciencia y todas nuestras herramientas para alimentarlo cada día. La gente suele cometer el error de poner el foco en buscar el «amor» en los demás, sin pararse a pensar en que esto no funciona así. ¡Que tu foco no funciona si lo utilizas para buscar a alguien, solo funciona si te iluminas a ti! Entonces, así Y SOLO ASÍ, podrán verte quienes antes no te veían. Cuando llegue ese momento, habrás trabajado tanto en fortalecer tu «luna» que serás capaz de ser cuidadosa y muy selectiva antes de compartirla con cualquiera. **Es imposible que encuentres un amor sano si tu forma de amarte a ti misma no lo es.**

Comienza por dejar de malgastar tu energía en reclamos, ruegos, mendicidad o búsqueda de «amor» y dirígela a fortalecer tu «luna». El resto llegará naturalmente en el momento y lugar que estén destinados.

- Si te criticas cada vez que te miras al espejo…
- Si te castigas cada vez que cometes un error…
- Si valoras a los demás más que a ti misma…
- Si permites maltrato, engaño y humillación…
- Si te rodeas de gente tóxica, eres consciente de ello y, aun así, no haces nada al respecto…
- Si tu inseguridad mantiene tu zona de confort inquebrantable…
- Si la soledad te abruma…
- Si tu dependencia emocional te ata a relaciones tóxicas…
- Si el miedo gobierna tus decisiones y aniquila tus sueños…
- Si no eres quien quieres ser por temor al qué dirán…
- Si no dejas tu trabajo, tu relación o tu entorno, a pesar de que eres consciente de que es destructivo, por temor a no encontrar algo mejor… Es decir, si evitas dejar lo que te hace daño por temor a lo desconocido…
- Si mendigas amor como una desesperada y sufres de forma constante por no encontrar quien te quiera…

Hay todo un trabajo por hacer. ¡Es hora de focalizarte y comenzar a trabajar en cultivar tu «luna»!

Sé que no es nada fácil, que no es un proceso ni rápido ni sencillo. Podría ser que justo ahora te encuentres en un momento en el que te sientes muy perdida y no sabes por dónde empezar. O no, tal vez tu situación actual no sea ni dramática ni extrema, quién sabe… Sea como sea, te comparto que yo misma pasé por baches profundos de desesperación e incertidumbre, sin saber qué hacer ni cómo dar el primer paso.

Yo fui una de las que se engulló todos los libros de autoayuda posibles para ver si en mí despertaba algo, si algo en mí cambiaba y si me contagiaba con algo de motivación y autoestima. Y lo cierto es que así empezó mi cambio. Así empezó mi proceso, justo ahí, en ese momento, sintiéndome absolutamente perdida. Ahí estaba yo, en este estado de «pozo sin fondo», donde parece que no ves la luz en ningún lado, mucho menos en ti misma… Insisto: fue lento, pesado y, en muchas ocasiones, doloroso. Y vuelvo a insistir: puedo afirmar que **jamás he hecho nada que haya valido tanto la pena como empezar a crear mi «luna», empezar a sentir mi «luna» y conseguir construir una «luna» tan bonita, grande y fuerte como la que siento ahora.**

Pues bien, pese a que todo el mundo parece saber lo imponente que es fortalecer nuestra «luna», nadie nos enseña. Ni en la escuela, ni en nuestros hogares, ni siquiera en las películas de Disney (donde nos venden la falsa creencia del ideal de pasar nuestras vidas buscando o esperando a que el famoso príncipe azul venga a rescatarnos o complete la mitad de la naranja que parece que nos falta… cuando hemos nacido solas, siendo naranjas completas y sin ayuda de nadie). En fin, mejor no entro en estos temas porque me cabreo yo sola.

Tampoco son temas que suelen tratarse abiertamente con los amigos o con gente del entorno. Básicamente porque enseguida te tachan de filosofar, de hablar en un idioma distinto o te critican por haber leído demasiados libros de autoayuda. Yo misma he vivido cientos de situaciones así, hasta el punto de desistir, tomar distancia y volcarme a plasmar todo lo que siento en el papel. Mientras escribo, no hay quien juzgue, solo así siento plena libertad y conexión con mis palabras y con quien soy.

> Que se pare el mundo, que esperen los que tengan que esperar y que se vayan los que tengan que irse, que mi energía, mi escucha, mi intuición y mis sensaciones más profundas siempre prevalecerán sobre los intereses, los compromisos y las expectativas de los demás.
>
> Corina Randazzo

Aun cuando parece que el mundo se opone a nuestro crecimiento espiritual, que pareciera oponerse a nuestra conexión interna y restringiera nuestra libertad personal, te aseguro que tu «luna» es alcanzable, es recuperable, es posible sentirla, sin importar cuán erosionada pueda estar en este momento.

Nuestra «luna» se nutre, se construye, se moldea y se transforma. Nuestra «luna» nace, crece y florece y te aseguro que, con nutrición constante, creencia y dedicación, nuestra «luna» resplandece y se queda para siempre.

La «luna», que para mí es lo más grande e importante y el motivo principal por el que decidí escribir este libro, es también el *core* de este capítulo. Ya habrás deducido de qué va todo esto, seguro que entenderéis ya de que se trata de aprender a querernos hoy un poco mejor que ayer.

En este capítulo, te revelaré cómo he cultivado «mi luna»: los rincones de mi vida que he tenido que transformar, las creencias que he tenido que desmantelar y los hábitos que he modificado, reestructurado y creado de cero... Sobre todo, te confesaré el alto nivel de compromiso que tengo con mi autocuidado físico, mental y energético, que, sin duda, ha impulsado (y sigue impulsando) mi responsabilidad diaria por mantener mis «normas infranqueables», que son directrices que yo misma me he impuesto para que mi «luna» continúe brillando cada día. Una de estas normas es: «Yo primero, el mundo después».

Una mujer con su propia «luna». Una mujer con su propia vida.

Una mujer sin dependencias, sin vicios, sin apegos. Una mujer libre, capaz de «ser» en todo momento.

Una mujer que no permite que el miedo la acobarde, que vive con conciencia y deja vivir de igual modo.

Una mujer que no se aferra a nada ni a nadie.

Una mujer que admite no saber nada, porque creer que sabe mucho la convertiría en necia.

Una mujer que se cuida a sí misma, que no necesita que la acompañen, pero agradece que decidan hacerlo.

Una mujer que valora y se valora, que agradece, que escucha, que entiende.

Una mujer que aprendió a ser dueña de sus emociones.

Una mujer nueva, que nada tiene que ver con la mujer que ella recuerda.

Una mujer capaz, fuerte, segura.

Una mujer en paz con ella y con el mundo.

Corina Randazzo

Espero que, a lo largo de los siguientes capítulos, podáis empezar a dibujar quien merecéis ser: una «luna» completa.

Capítulo 14.
¿QUÉ COJ... ES ESO
DEL AMOR PROPIO?

Imagino que dirás o pensarás lo mismo que decía y pensaba yo cuando leía textos o libros con mensajes de «amor propio», en los que mucho se habla y poco se entiende de estos grandes conceptos. Porque ¡seamos claras!: ¿qué coño es el amor propio? ¿Qué es eso de aprender a querernos? ¿Acaso conoces a alguien que se quiera todo el rato, en todo momento y bajo cualquier circunstancia? ¿A qué estamos aspirando cuando hablamos de «amor propio»? ¿Cómo definimos algo que todo el mundo sabe que le falta y que cada quien entiende y trabaja de una forma diferente? ¿Cómo damos forma a algo que ni siquiera está definido, no contiene discurso propio ni referentes de «expertise» en esto de querernos?

¿O acaso crees que, porque hablo de «amor propio», dedico gran parte de mi vida y de mis proyectos a mejorar la relación que las mujeres tienen consigo mismas y porque publico mucho contenido sobre cómo quererte mejor estoy eximida de sentirme mal, de no verme bien, de tener días de baja autoestima o de pasar por alto épocas en las que sé que no estoy queriéndome bien? Y aquí es cuando llegué a mi propia conclusión.

¿Y cuál es? Pues básicamente entendí que, como he comentado a principio del capítulo, el amor propio es uno de los grandes dilemas del ser humano. Es una de las palabras más prostituidas de nuestra lengua, cuyo significado hemos distorsionado tanto que ahora llamamos «amor» y «amor propio» a cualquier cosa. Así que, una vez que he entendido que cada quien llama «amor propio» a una cosa distinta, me autoinvité a autodefinir: ¿qué es para mí, Corina, el amor propio? ¿Con qué me siento identificada cada vez que escucho o expreso estas dos palabras?

No es una pregunta sencilla. Tendemos a repetir e inspirarnos por el reflejo que sentimos con lo que otros dicen o escriben, pero si te centraras en ser tú misma quien, en silencio y sin ayuda de Google ni textos de Mr. Wonderful, eligieras escribir y definir ¿qué es **para ti** el significado del «amor» y el «amor propio», ¿lo tendrías claro? ¿Crees que te resultaría sencillo? ¿Y si dejas de leer, cierras este libro, coges tu diario emocional y dedicas un espacio de tiempo de silencio a averiguarlo? O, mejor, haz la siguiente tarea.

TAREA 6: DEFINIENDO AMOR PROPIO

Ingredientes:
- Un boli.
- Un estado de calma y coherencia.
- Paciencia. No puedes avanzar al siguiente paso sin haber finalizado el anterior.

Esta no es una tarea obligatoria, aunque, pensándolo bien, podría serlo. De todas formas, prefiero que seas tú misma quien observe y perciba qué tanta resistencia sientes para tomar acción e intentar conocer un poco más de ti a través de este ejercicio.

Te invito a que lo hagas antes de avanzar con la próxima página, donde te compartiré lo que entiendo yo por estos términos tan mágicos y tan mal usados por el ser humano.

¿Y por qué te pido que lo hagas antes? Básicamente por lo que te compartí al principio, porque estamos tan acostumbrados a repetir pensamientos, ideas, discursos e historias de otros que a menudo dejamos de lado nuestras propias percepciones, ideas, sentimientos e historias. Explorar esa percepción que te define a ti hoy permitirá que te conozcas y profundices un poquito más en ti. Hacer una pausa y pensar te acerca un paso más a las respuestas de las reflexivas y profundas dudas existenciales que venimos tratando desde el inicio del libro: «¿Quién soy?» y «¿Qué quiero?».

Ejecución:

1. Cierra el libro, tómate tu tiempo y describe: ¿qué es para ti el «amor»? ¿Y el «amor propio»?

_____

_____

_____

_____

_____

_____

Mi definición de «amor»

Llamamos amor a cualquier cosa porque no entendemos su significado verdadero. El amor no es algo que se obtenga de afuera, tampoco es algo que puedas pedir al otro, ni mucho menos exigir. El amor es genuino, es natural, es incondicional. Lo que hoy haces, dices o das con la intención (consciente o inconsciente) de recibir algo a cambio no es amor. No puedes dar amor con la condición de recibir algo. Quien ama ama. En el amor no existe el dar para recibir, no se trata de dar solo si me trae algo de regreso. El verdadero amor no condiciona, no pide, no espera. Todo lo que hoy en día identificamos como el «amor» no es más que una antítesis de lo realmente significa esta mágica palabra. El amor es un estado, una creación interna que solo existe y se brinda cuando se siente y se tiene adentro. Que tengas la intención de amar o ser amado no implica que lo logres. Pues uno no puede dar lo que no tiene dentro.

Corina Randazzo

Y quizás aquí radica la confusión, el cuento que nos han contado y que todos nos hemos comido con papas. Siempre se nos ha enseñado que el amor tiene que ver con el otro, con algo externo. Hablamos de «amor» y enseguida nuestra mente lo relaciona con una relación de pareja. Y, si no, dime: ¿en qué has pensado mientras leías el texto anterior?

¿Y si el amor se trata más de una acción y no tanto de una emoción, como tendemos a creer o a poner sobre el otro? ¿Y si es en tus acciones donde reflejas o no amor? Que el amor existe y se construye desde dentro de cada uno de nosotros es una verdad irrefutable. Que hayamos normalizado confundir «amor» con su antítesis, lo cual se refleja en relaciones insanas, inestables y de alta dependencia emocional, también es una verdad irrefutable. Ahora, que hayamos confundido los términos no significa que el amor no exista, sencillamente significa que no tenemos ni puta idea de lo que realmente es y que usamos esta palabra para definir relaciones y circunstancias que poco tienen que ver con su profundidad y alcance. Por tanto, hay dos opciones: o sigues contribuyendo con la prostitución de la palabra «amor» en tu vida o decides reconceptualizar tu idea de «amor» y, con ello, tu forma de ser, sentir y vivir mejor.

Quizás el primer paso sea desapegarte del concepto social de «amor emocional» y empezar a preguntarte si actúas con amor. **Pues no se trata tanto de «sentir amor», sino más bien de «actuar desde él».**

Mi definición de «amor propio»

Diría que el amor propio es el reconocimiento de valor, estima, respeto, honestidad, empatía y compromiso que una se tiene a una misma. Un reconocimiento del propio amor que una construye, entrena y refleja de forma impermanente a lo largo de toda su vida, pues puede ir fortaleciéndose o menguando según tu momento de vida.

Ese en el que hoy estás, pero mañana puede cambiar. No es algo que se obtenga o se alcance y ya quede impregnado en nuestro ser de forma permanente.

Se entrena cada día, a través de pequeñas decisiones diarias que la vida te pone por delante. El amor propio representa qué tanto te amas, te respetas y te tienes en cuenta a ti misma en todas las pequeñas decisiones del día a día. Cada vez que dices «sí» al otro y «no» a ti, implica un no reconocimiento de tus propias necesidades, preferencias, sentimientos o emociones. Cada vez que te dices «sí» a ti misma, aunque esto suponga decir «no» al otro, representa tu estima y reconocimiento de tu ser.

Corina Randazzo

«Tú primero, el mundo después» fue mi primer tatuaje. Lo llevo escrito en mi antebrazo derecho para recordarme a diario que ponerme a mí primero poco y nada tiene que ver con lo que otros etiquetan como «egoísmo» o «prepotencia». Ponerme a mí primero es reconocerme, darme valor, serme fiel, respetarme, ser honesta conmigo y con mi compromiso de quererme por encima de todo.

Fueron muchos años en los que «sufrí» por no saber decir «no», por poner delante el bienestar de los demás antes que el mío propio. Por dar mi tiempo, energía, dinero y espacio a los demás sin haber aprendido a dármelo a mí primero. Fueron muchos años de aprendizaje en los que, a base de golpes, decepciones y mucho dolor, entendí al fin que nadie iba a darme mi lugar si yo misma no me lo daba primero.

¿Quién va a reconocer tu valor si ni tú misma lo haces contigo? ¿Quién va a confiar en tu palabra si ni tú misma confías en ella cada vez que dices que vas a hacer algo y luego no lo cumples? ¿Quién va a cuidar de ti si ni tú misma te cuidas, si no cuidas tu cuerpo ni tu energía ni tu tiempo? ¿Cómo esperas que te quieran sanamente si tú no sabes quererte bien?

Estas son solo algunas de las preguntas que yo misma me hice cuando tomé conciencia de que todo estaba en mí y que todo lo que me rodeaba solo era un escenario que reflejaba mi percepción interna, lo que yo misma sentía hacia mi persona. Pues así funcionamos, así funciona la ley universal de la vida: **atraemos lo que somos**. De ahí radica la importancia de conocernos para entender quiénes somos. Conocer qué escenario existe dentro de nosotras nos permite tomar conciencia y empezar a mover o a cambiar las piezas del ajedrez, de forma que ahora seas tú quien lidere la partida.

No es «casual» sino «causal» que, en una etapa en la que te sientes más conectada con tu propósito, trabajando en aquello que te gusta, siendo constante en tus rutinas de cuidado, actividad física, cumpliendo con una buena planificación en tu día a día, acompañada de personas que te aportan en tu camino y siendo fiel a tus objetivos, tu amor propio se sienta fuerte y seguro, te ves mejor, te sientes mejor, eres más amable, no te tomas las cosas de manera personal, sonríes más, se te ve más reluciente (y la gente te lo dice), eres más positiva, enérgica, se te ve feliz e irradias felicidad. Las personas que construyen a diario el camino del amor propio son personas que se sienten valiosas, se respetan y se cuidan. Son capaces de responsabilizarse de su vida, de sus emociones y de su salud física y emocional.

La diferencia es evidente cuando no estás alineada con tu propósito u objetivos, dedicas mucho tiempo a un trabajo que no te gusta, no eres disciplinada ni mantienes rutinas saludables. Tampoco te sientes acompañada, tu entorno no te aporta ni te inspira, sientes estar estancada, no te cuidas y matas tu tiempo con entretenimiento que sabes que nada bueno te aporta... Es decir, una rueda de malos hábitos sumada a una sensación constante de insatisfacción propia y, por consiguiente, insatisfacción con el mundo que te rodea.

Cuando las personas no sienten amor propio, dudan de sí mismas y, sobre todo, de su criterio para tomar decisiones. De la misma manera, tienden a ser muy autoexigentes, muy autocríticas, y esto les desencadena parálisis por el temor a cometer «errores». ¿Cuáles son las consecuencias de este estado de «falta de amor propio» si no tomas acción a corto plazo? Te vuelves quejosa, tu energía calibra muy bajo y, por lo tanto, tu capacidad de «resolución de dificultades de la vida» se te hará bola, mantendrás un diálogo interior negativo, experimentarás mayor inestabilidad emocional, lo cual repercute negativamente en tus relaciones con los demás y contigo misma, sentirás baja autoestima… y un sinfín de consecuencias que se activan de forma casi automática durante esos periodos de no alineación ni compromiso con tu amor propio.

En la siguiente tarea, te dejo una lista de enseñanzas que tuve que trabajar e integrar paso a paso para cultivar a diario mi amor propio:

TAREA 7: ENTRENA TU RECONOCIMIENTO

Ingredientes:
- Pósits de colores.
- Un rotulador.
- Compromiso contigo misma.

Ejecución:
1. Lee con atención la siguiente lista de enseñanzas.
2. Apúntalas todas en tu diario emocional.
3. Además, escríbelas en una hoja aparte y pégala a la nevera. ¡Léelas a diario! Que sean tu recordatorio, tu ritual matutino, tu mapa en el camino.
   - Permanece atenta y consciente. (Practica meditación).
   - Actúa en función de tus necesidades, no de tus deseos. (A veces, debemos evitar el dejarnos llevar solo por lo que sentimos y, en su lugar, debemos actuar de acuerdo con lo que sabemos que es mejor para nosotras).
   - Cuida tu cuerpo y tu salud. (Habitúate a ser activa e introduce el deporte en tu día a día).
   - Aprende a poner límites. (Empezando por ti).
   - Evita personas y situaciones que calibren en negativo. (Escucha tu intuición).
   - Relaciónate con personas que te amen, te enseñen y te inspiren. (Escucha tu intuición).

- Aprende a perdonarte y saca aprendizaje de todas las experiencias, sobre todo de las que tu mente categoriza como «negativas». (Aprovecha este libro y trabaja mano a mano con tu diario emocional).
- Escucha tu voz interior conectándote contigo misma en espacios que diseñes para estar a solas contigo, con la naturaleza, los animales, el silencio y la meditación. (Aprende a disfrutar de tu propia compañía).
- Cuida tu alimentación. (Come solo aquello que tus ojos puedan identificar como comida real).
- Practica la gratitud al despertar y antes de dormir. (Esta es otra de mis normas infranqueables de mi día a día).
- Mantén el hábito de escribir en tu diario emocional. Conecta con tus emociones. Expresa lo que sientas. Vacía la mente de pensamientos. (No me creas, compruébalo por ti misma. Esta es y sigue siendo una de las herramientas más poderosas y efectivas que uso y seguiré usando toda mi vida).
- Aprende a estar sola. A disfrutar de tu propia compañía. (Ya te he dicho esto, pero vuelvo a repetírtelo para que jamás lo olvides. Sin duda, es una de las piezas fundamentales de este puzle en construcción, en el camino a tu felicidad).
- Trabaja y dedica tiempo a la gestión de tu mundo emocional. Esto implica que evites dejarte llevar solo por lo que deseas (desde la emoción) y que aprendas a actuar por lo que te conviene (desde la razón).

¡La práctica hace al maestro! Así que ten paciencia y bríndate la oportunidad de trabajar de ti para ti. Esto no es algo que vayas a conseguir de la noche a la mañana, pero tener presente todas estas recomendaciones hará que al menos pongas más atención en todas esas pequeñas decisiones diarias que tomas. Lograrás reconocer si tus actos te acercan o te alejan de aquello que esperas conseguir y si te conducen a ser aquella persona en la que quieres convertirte.

Sin duda, uno de los pasos más difíciles, y a su vez de los más transformadores, fue aprender a decir «no» y anteponer mis propias necesidades a las del resto. Solo así conseguí tomar mejores decisiones y verdaderamente encontrar la respuesta a las preguntas de quién era, qué quería y cuáles eran mis preferencias, gustos y formas de ver el mundo. Y me refiero a la versión que percibo como la mejor para mí, con la que yo me siento cómoda y feliz, sin prestar atención a las percepciones de los demás y sin esperar una aceptación, un elogio, un reconocimiento o una palmadita en la espalda. **Porque, si tú eres capaz de aceptar esa versión de ti, no necesitas más.**

Por más altruista y buena persona que seas o pretendas ser, vivir poniendo siempre las necesidades de los demás por delante desgasta. De hecho, desgasta tanto que llega un momento en el que ni tú misma tienes claro quién eres. Te has convertido en alguien que ha dejado de perseguir su propia felicidad para ser solo partícipe de las alegrías de los demás.

Toda la vida nos han dicho que hacer o dejar de hacer determinadas cosas es ser «egoísta», pero creernos esto y asumirlo hace que pensemos en pequeño. Primero aprende a ponerte límites a ti misma para luego ponérselos a los demás:

- Sé consciente de que no puedes controlarlo todo. Aprende y entrena «soltar el control».
- Ponte un tiempo límite para el uso de las redes sociales o elimínalas.
- Evita tener el teléfono siempre contigo. Acostúmbrate a vivir sin tanta conexión tecnológica y pasa más tiempo conectada contigo misma. Conecta con tu única realidad, con lo único que vale, suma y aporta: tu tiempo presente. Tu «aquí y ahora».

- Aprende a decir «no» a todo lo que no vaya contigo ni te sume.
- Evita dedicar tiempo a personas que no te inspiran, no te aportan o no hacen que te sientas mejor. Cuida tus círculos y renuévalos cada vez que lo consideres necesario.
- Evita a toda costa frecuentar sitios que consuman tu energía y que sepas que no te aportan nada bueno.
- Evita conversaciones insustanciales.
- Descansa y aléjate del televisor y de los mundos virtuales.
- Dedícate ese espacio y conecta contigo.

El amor propio no siempre será cómodo.

A veces amarte significa establecer límites. Asumir responsabilidades. Terminar una relación. Perdonarte. Modificar hábitos insanos. Aceptar partes de ti que no te gustan tanto. Decir «no». Pedir disculpas. Cambiar de trabajo. Sanar heridas. Sostener conversaciones incómodas. Hacer eso que te da miedo. Permitirte cometer errores. Llorar. Vivir el duelo de tus pérdidas. Reinventarte.

Corina Randazzo

Capítulo 15.
¿CÓMO MEDIMOS ESTO DE «QUERERNOS»?

Pretendo que nos adentremos más en el complejo mundo de aprender a medir un poquito mejor eso de querernos a diario. Es por eso por lo que, en este capítulo, os daré más ideas y os lanzaré más reflexiones y propuestas sobre cómo trabajarlo (al menos así lo hago yo y a día de hoy sigue funcionándome).

Mis tres pilas diarias

A la hora de cultivar el amor propio, me gusta imaginar que existen tres pilas que debo cargar cada día. Antes de seguir, un breve recordatorio: vives un día a la vez. Es decir, cada día el temporizador se pone a cero y toca volver a empezar. Grábate esto y procura recordarlo cada mañana: **«Elijo vivir un día a la vez»**. Seguimos.

Estas son las tres pilas que te comentaba: **la pila del tiempo, la pila de la energía y la pila del amor propio**. Cada pila se usa para algo diferente y cada una requiere que ponga el foco en aspectos distintos del día a día. Su recarga también es diferente, pero lo que las distingue es la forma en la que trabajo con cada una de ellas para sacarles el máximo rendimiento.

Las pilas del tiempo y de la energía están «cargadas» al iniciar mi día y mi tarea consiste en sacarles el mejor provecho. La pila del amor propio tiene otra dinámica que enseguida te voy a contar.

La pila del tiempo

Saco el mejor provecho de la pila del tiempo cuando rentabilizo mis 24 horas de la forma más equilibrada posible, de manera que con cada acción esté acercándome a esos objetivos que he definido y que una vez alcanzados me brindan mayor bienestar (tanto a nivel físico y mental como espiritual).

Es decir, cuando empieza mi día sé que mi pila está cargada al cien por cien con 24 horas. ¿Qué quiero y qué puedo hacer **hoy** durante esas horas según mis prioridades y mi momento vital si lo que quiero es sacar máximo rendimiento a mi pila del tiempo?… Agenda, boli, planificación y compromiso son las respuestas.

*Tranquila. Luego te diré cómo planifico mi agenda.

La pila de la energía

Cuidar la pila de la energía (que no depende del espacio ni del tiempo y que puede consumirse o recargarse de un momento a otro) requiere que preste especial atención a la hora de moverme, accionar y relacionarme con personas, proyectos y situaciones que no consuman mi pila energética, sino que la potencien.

Es decir, empiezo mi día y mi pila energética está cargada (no de tiempo, sino de energía). «¿Cómo hago para que mi energía dure lo máximo posible a lo largo del día?». Cuidar nuestra energía implica evitar entrar en espacios densos y pesados, tener contacto con personas que calibren bajo (que critiquen, que se quejen y que estén siempre en estado de víctimas o tristeza) y procurar moverme en entornos, proyectos y con personas que inspiren y cuya energía y forma de ver la vida resuenen con la mía (personas optimistas, creadoras, que se cuiden, que aprecien la vida, que sean amables, que sonrían…).

La pila del amor propio

Justo a esta pila quería llegar con esta breve introducción, pues para mí es la que funciona de forma muy diferente, e incluso opuesta, a las anteriores. No se recarga por el mero hecho de existir o al empezar un nuevo día, sino que ha de ser cargada por mí y para mí, desde la primera hora del día hasta la última. Es decir, cada nuevo día esta pila está totalmente vacía, descargada (al contrario que las del tiempo y la energía). Ahora bien: «¿Qué hago yo **hoy** para cargar esta pila vacía?».

Esta pila empieza a cargarse a medida que voy ejecutando pequeñas acciones en mi día a día que reflejen que me reconozco, que sé mi valor, que sean representativas de mi estima, de mi compromiso, mi autocuidado, mi escucha, mi empatía. Todas aquellas acciones que me reflejen amor y reconocimiento de quién soy y lo que siento merecer recargan mi pila del amor propio.

Estas pequeñas acciones pueden ir desde despertarme temprano para sentir que aprovecho mi tiempo, comenzar el día con un espacio de meditación, haberme agendado y organizado mi día, comer saludable, practicar actividad física, caminar en vez de tomar el coche, cuidar mi piel y mi cabello o leer hasta conversar conmigo misma de forma asertiva (poniendo límites a lo que considero necesario, diciendo «no» a planes y personas que no van conmigo, regalándome espacios de silencio, permitiendo empatizar conmigo en mis días nublados, sin machacarme por ello ni sentir culpa por no estar a la «altura» de las expectativas del resto del mundo).

Podría darte una lista interminable de todos los pequeños gestos y acciones que potencian mi amor propio a diario y en los que tú también puedes focalizarte para empezar a cargar tu pila cada día. Y es que el amor propio poco tiene que ver con la imagen que proyectamos y con cómo nos ven los demás por fuera. Poco tiene que ver con lucir bonita para ser agradable a la vista o formar parte de los «estereotipos impuestos» para ser «aceptadas» y «amadas». El amor propio poco tiene que ver con lo superficial, con la materia, la fachada, los resultados estéticos, con lo bien que vistes o el cuerpo tonificado que llevas años trabajando. Relacionar el amor propio con la apariencia es absurdo y mediocre.

Podría contarte decenas de historias personales tras haber conocido a cantidad de mujeres con una belleza exterior deslumbrante (que difícilmente podrías pasar por su lado sin volver la mirada) que viven con una carga enorme y acarrean una tristeza interior profunda, dada su falta de estima, reconocimiento, respeto, empatía y compromiso consigo mismas. Es decir, tienen una falta total de amor propio.

En contraste con esa superficialidad, también podría contarte historias de personas magnéticas con las que he conectado, han sido fuente de inspiración, un claro reflejo de autenticidad y un ejemplo de reconocimiento de sí mismas, sin encajar siquiera un poco en los «estándares estéticos» de hoy día.

Porque lo importante no es lo que los demás ven de ti por fuera, sino las sensaciones y la energía con la que vives tu minuto a minuto y que deja como huella en las personas cuando apareces.

Todos disponemos de herramientas, tiempo y capacidades para cultivar y entrenar nuestro amor propio. Solo requieres identificar qué hace que te sientas realizada, qué te acerca más a quien quieres ser, qué te hace sonreír y vibrar, qué hace que te sientas mejor. Listar y aplicar estas miniacciones diarias, con coherencia y sentido común a tu día a día, producirá la mejor recarga de tu tercera pila, la pila del amor propio.

TAREA 8: CARGA TUS PILAS

Ingredientes:
- 24 horas.
- Tres pilas.
- Vivir un solo día a la vez (¡este es un ingrediente clave!).

Ejecución:

1. Coge tu diario emocional y haz una lista titulada «Todo lo que me hace sentir bien».

2. Escoge tres cosas de la lista que puedas incorporar hoy mismo y ponte manos a la obra.

3. Repite este ejercicio cada día. No tires la casa por la ventana ni empieces de cero a cien. Escoge tres tareas por día. Y, cada día, vuelve a empezar.

Recuerda: la vida se vive un día a la vez. Así que, si algún día te lo saltas, no cometas el error de tirarlo todo por la borda ni de sumar los días que no has cumplido, simplemente vuelve a empezar al día siguiente. Puedes añadir elementos a la lista cada vez que quieras, a medida que vayas cogiendo el hábito de quererte un poquito mejor que ayer.

Capítulo 16.
MIS TRES PILARES
DE AUTOCUIDADO. Mi
compromiso diario. Mis pilares
infranqueables para transformar
mis días en amor propio

Dicho esto, para que nos vayamos a la practicidad de las cosas y esto no se quede solo en una metáfora sobre pilas y «consejos», paso a explicarte cómo organizo yo mi día a día desde hace ya bastante tiempo. Logro aterrizar «acciones» concretas en mi agenda, enfocadas hacia una vida con propósito y bienestar (es decir, una vida cargadita de amor propio).

Ya te he enseñado mi forma de «medir esto de quererte» con mi propuesta de administrar la carga de las tres pilas y sacar su máximo provecho. Ahora voy a enseñarte mis tres pilares de autocuidado y, pese a que no te lo voy a poner como tarea obligatoria, sí te invito a que tú también apliques estos tres pilares (si crees que pueden servirte) o a que encuentres los tuyos propios.

Vamos a por ello.

Para organizar mis tres pilares de autocuidado, primero debe haber un compromiso real con todo lo que apunto en mi agenda y, segundo, procuro que cada día haya un bloque de tiempo reservado y agendado para cada uno de estos pilares de autocuidado: **cuerpo físico, desarrollo personal y recarga energética.**

¿Para qué? Pues para que te acostumbres a diseñar y crear cómo deseas que sea tu día. Para que te acostumbres a cultivar eso de quererte. Para que tu seguridad, autoestima y capacidad de reconocer tus avances sean cada vez más fuertes, firmes y estables. Para empezar de una vez por todas ese camino de crecimiento y empoderamiento que todas necesitamos para disfrutar de bienestar en nuestra vida.

Veamos cada uno de estos pilares:

Cuerpo físico

En este pilar converge todo aquello que hago para cultivar el cuidado de mi cuerpo, tanto interna como externamente. Por supuesto, incluye el deporte o cualquier actividad física (en mi caso, actualmente practico un mínimo de dos entrenamientos de fuerza a la semana y dos de boxeo). También incluye sesiones de fisioterapia, revisiones médicas, cuidados estéticos como ir a teñirme el pelo, arreglarme las uñas (cosa que no hago mucho), realizarme una limpieza bucal, una sesión de láser y cualquier otro tratamiento relacionado con mi cuidado físico.

Sí o sí, cada día, en mi agenda debe haber apuntado y programado un bloque de tiempo que represente el cuidado de mi cuerpo físico.

Desarrollo personal

Este pilar reúne todo aquello que hago para cultivar mi progreso mental en todos los aspectos de mi vida. Aquí no solo tengo en cuenta el área laboral (es decir, el tiempo que dedico a cumplir con mis tareas y jornadas de trabajo), también incluyo las actividades y aprendizajes que cultivo y entreno a través de la lectura de libros, pódcast, talleres, cursos, formaciones, sesiones de *coach*, terapia… Todo aquello que aumente mis capacidades tanto de autoconocimiento (conocer en mayor profundidad quién soy y cómo funciono) como de conocimiento (información externa que trabajo y entreno para aprender y comprender desde la razón todo aquello que me ayude a mejorar en todas las áreas de mi vida).

Sí o sí, cada día, en mi agenda debe haber apuntado y programado al menos un bloque de tiempo que represente mi cuidado personal.

Recarga energética

En este pilar concurre todo aquello que hago para cultivar, proteger y expandir mi campo energético. Aquí incluyo, por ejemplo, mis sesiones de yoga, pues en mi caso no es una práctica que realice para cultivar el cuerpo (que también), sino que lo uso como herramienta para el cuidado de mi energía. Pues este tipo de prácticas me invitan a conectar con mi yo superior (mi yo más profundo, mi verdadero ser), escuchar mi cuerpo, recargar mi pila energética y entrar en un estado de mayor presencia. Un estado en el que logro apaciguar el ruido mental, por lo que mis niveles de cortisol bajan y mi conexión conmigo se potencia.

En este apartado, también incluyo meditaciones, paseos por la naturaleza, caminar descalza por la tierra o césped, incluyo también mis ratos para escribir y conectar conmigo, los mimos y ronroneos con mis gatas, mis momentos de baile y de dejarme llevar al ritmo de la música, baños de agua fría o caliente, mis rituales de luna llena (si me sigues en redes, ya sabes de lo que hablo)… Todo aquello que expanda y potencie mi energía.

Sí o sí, cada día, en mi agenda debe haber apuntado y programado al menos un bloque de horas en el que atiendo mi recarga energética.

Capítulo 17.
EL ARTE DE CONECTAR CONTIGO.
La magia de vivir creando

Si en tu mente reside el caos, empieza a dibujar. Se ha demostrado a través de innumerables estudios que la «arteterapia», la escritura, la danza, el dibujo y todo aquello que invita a permitir que broten nuestras habilidades creativas tienen un efecto sanador inmediato.

No sé si alguna vez has acudido a terapia. Yo, sí. Y, además de mis sesiones con la terapeuta, el dibujo, la meditación, la danza y la escritura han sido las herramientas que más he usado como complemento en mi proceso de autoterapia para tratar mis bloqueos, miedos y traumas emocionales.

Los beneficios de la arteterapia empezaron a verse tras la Segunda Guerra Mundial, cuando los militares británicos heridos en combate pintaban durante su convalecencia. A través de sus dibujos, podían expresar su dolor y las emociones que difícilmente podían transmitir con palabras. La pintura fue para ellos un camino de expresión y de liberación de todo aquel sufrimiento que llevaban dentro.

No sobra decir que no solo recurrimos a la expresión del arte, en cualquiera de sus formas, solamente para «tratar problemas emocionales». Es importante bailar, escribir, dibujar y meditar a diario. Tanto en tus días buenos como en los no tan buenos. En eso consiste vivir, en permitir que brote aquello que nos hace crear, sentir y fluir con la vida. El arte de liberarnos, reconocernos y expandirnos a través de la expresión no verbal. Porque quizás la gran mayoría de los problemas emocionales con los que cargas radican más en la falta de aplicación de métodos de liberación emocional que en intentar «solucionar el problema» en sí con palabras o monólogos internos. ¡Empezamos!

Mis cuatro ratitos de amor

Te voy a hablar de mis cuatro niveles de conexión, mis cuatro momentos de amor o, como a mí me gusta llamarlos: mis cuatro ratitos de amor.

Así los llamo yo a mis momentos conmigo, a esos ratitos diarios en los que decido dar clic al botón de «pausar el mundo» y bajarme un rato. Esos ratos que todas necesitamos y que tan poco nos dedicamos a nosotras mismas. Esos ratos que hacen diferentes tus días, potencian tu creatividad, disminuyen el ruido mental y ayudan a liberar tus cargas emocionales.

NIVEL 1. Bailar para soltar

Baila como forma de expresión. No importa si lo haces bien o mal. Aquí no se trata de quedar bien con nadie ni de estar a la altura de nada. Debes bailar para soltar, para quitarte la vergüenza, para conectar con tu cuerpo, para soltar caderas, tensiones, bloqueos y permitirte sentirte libre por un rato. Es un ejercicio sencillo y solo tiene una norma: sonreír mientras lo haces.

No importa el tiempo que quieras dedicarle. Yo solo te doy las herramientas y tú ya valoras el nivel de compromiso que tienes contigo misma y hasta dónde estás dispuesta a involucrarte para conocerte mejor a través de ellas.

Conozco a muchas personas que temen bailar en público. «Me da vergüenza», dicen. Y lo más preocupante de esto no es solo la sensación de vergüenza frente a desconocidos, sino experimentarla incluso cuando estás a solas. Y, claro, **¿cómo vas a querer que los demás sepan quién eres si ni tú misma te permites mostrarte al mundo**? La vergüenza vibra muy bajo, la vergüenza limita, la vergüenza viene del miedo y te aleja de conocer tu verdadero potencial. Todo lo que te dé vergüenza has de hacerlo sí o sí, como norma infranqueable, sin pensar demasiado y tirándote de cabeza para atravesar ese miedo.

NIVEL 2. Escribir para sanar

Sí, escribir para sanar. Toda historia ha de ser contada para ser reconocida. Toda herida ha de ser expuesta para ser tratada. **Todo dolor ha de ser revelado para ser sanado.** Y es que todos cargamos con demonios que arrastramos de nuestras propias historias, esas que llevamos a cuestas y que se convierten en parte de quienes somos hoy. Historias creadas a partir de experiencias que quedan grabadas en nuestros recuerdos y que pueden convertirse en graves limitaciones para nuestro crecimiento.

Como seres sociales que somos, necesitamos que nuestras historias sean narradas para ser comprendidas, escuchadas y atendidas, a veces por los otros, pero sobre todo con nosotros. ¿Cómo puedes saber qué te ocurre, qué sientes, qué esperas, qué te duele, qué debes sanar, qué necesitas, qué te falta, de dónde viene tu estrés, tu ansiedad, tu mal humor, tu desgana o tristeza si no te paras a escuchar tu propia historia?

Cuando escribes, liberas. Cuando escribes, no te queda otra que parar y elegir con qué pensamiento, emoción, situación, contexto y matiz te quedas. Cuando escribes, revelas y das forma tangible a las emociones. Cuando escribes, sigues una línea consciente de sucesos que comienzan con una duda y acaban con una posible solución o, al menos, con una comprensión más precisa de lo que te sucede. Cuando escribes con la intención de conocer la historia que te cuentas, comprendes qué sientes, qué te ocurre, de dónde viene ese miedo, desde cuándo lo sientes, qué crees que puedes hacer para trascenderlo, de qué forma puedes ayudarte tú y de qué forma crees que pueden ayudarte quienes tienes cerca.

Son preguntas que todos necesitamos formularnos y, personalmente, te invito a que lo hagas a diario y por escrito. Así llevo haciéndolo más de ocho años y te diré que nunca dejaré de hacerlo.

Cuando escribo, y ya llevo ocho años haciéndolo, no me queda otra que parar. Pongo todo en pausa, me siento, cojo mi diario emocional y empiezo a vomitar reflexiones, dudas, heridas, dolores, sueños, pensamientos, cuentos o cualquier cosa que sienta que quiero plasmar para sacar de mi mente y poner en palabras aquello que está pesando, con más forma, sentido y coherencia.

Acostúmbrate a entrenar la escritura, al igual que entrenas el cuerpo. Sacar un ratito a diario para construir el maravilloso hábito de escribir lo que sientas sacar de ti es y será una de las herramientas con el poder más sanador que he podido experimentar a lo largo de mi corta vida. Y, tranquila, aquí no se trata de escribir con el fin de calificar tu resultado. No tienes que tener más conocimiento que saber escribir para poder hacerlo.

Recuerda que tu diario emocional solo te pertenece a ti, es tu refugio, son tus recuerdos, tus deseos, tus pensamientos más profundos, tus verdades, tus heridas, tus cuentos e historias. Son tus procesos plasmados con el orden, forma y color que quieras darles. Son esos procesos que debes empezar a reconocer, aceptar, entrenar y trabajar para construir un camino de mayor conciencia de lo que sientes, de lo que necesitas alcanzar, de lo que debes soltar y hacia dónde quieres proyectarte.

NIVEL 3. Meditar para conectar

La meditación diaria contiene tantos beneficios que, si fueras realmente consciente de todos ellos, habrías empezado a incorporar esta práctica hace décadas. Ya lo dicen muchos estudios y cada vez lo oirás más, te lo recomendarán más y hasta será parte de las recetas de tus médicos y terapeutas. Y es que ya están más que demostradas todas las capacidades que tiene el poder de la meditación.

Incorporar pequeñas cápsulas temporales, por pocas que sean, a diario, te ayudará a vivir más conectada a ti, a tus emociones, a tus propósitos, a tus elecciones.

La práctica de la meditación nos ayuda a entrenar nuestro estado de conciencia. Y entrenar nuestro estado de conciencia nos permite vivir más presentes, tomar mejores decisiones y tener un mayor control sobre nuestras emociones. Esto deriva en menos estrés, menos ansiedad, menos brotes o picos emocionales, lo que a su vez desencadena mejoras en tu estado anímico, más armonía en tus relaciones sociales, más conexión en tu relación contigo, más equilibrio en tu relación con la comida y, en general, los atracones emocionales pueden disminuir o desaparecer. Como conclusión, meditar provoca mayor sensación de bienestar y felicidad.

Suena mágico, ¿verdad? Pues así es. Mágico y sencillo. Solo requiere de tu compromiso real de hacerlo, de permitirte esos breves espacios de tiempo diarios (te propongo que empieces por tres momentos: por la mañana, por la tarde antes de volver al trabajo y por la noche antes de dormir). Dedica cinco, diez, quince o veinte minutos..., aunque también puedes empezar por tres minutos. La cantidad de tiempo no es tan importante al principio, lo que es realmente importante es que entrenes esas pausas breves de parar máquinas, darle al botón de «me bajo de la vida un rato» y te concentres en estar en silencio, sentir tu respiración e intentar entrar en un estado de mayor calma.

Y, tranquila, es normal que al principio no notes nada. Habrá ruido mental, constantes pensamientos e incluso puede que te genere un estado de estrés por la incomodidad que le supone a tu mente que intentes «deshacerte» de ella, aunque solo sea por un rato. Digamos que la mente puede entrar en un estado de supervivencia en el que va a sacar todo su arsenal a flote por miedo a desaparecer (cosa que jamás ocurriría, ni aunque quisiésemos). Es normal que esto ocurra y aún más si nunca antes habías puesto en acción la práctica de la respiración consciente, la quietud y el silencio.

Recuerdo que las primeras veces que intenté meditar cometí un montón de errores. En ese momento, hace unos ocho años, no existía tanta información como ahora sobre la meditación y el *mindfulness*. Lo poco que sabía lo había adquirido a partir de lecturas y recomendaciones que encontraba por ahí sueltas en algunas revistas y que no eran demasiado detalladas. Recuerdo que quise empezar e ir de cero a cien. Muy típico en mí. O todo o nada. No entiendo de medias tintas y es algo en lo que sigo entrenándome para dar con ese «equilibrio» del que todo el mundo habla y poca gente parece encontrar. Admito que lo llevo bastante mal.

Pues bien, empecé y quise ir de cero a cien. Es decir, de no saber ni lo que era la meditación ni el *mindfulness*, ya que nunca lo había puesto en práctica en mi vida, a intentar hacer meditaciones de hora y media cada día. El tercer día casi me tiro por la ventana. Más que en un estado presente, parecía entrar en un estado de «mato a quien se me cruce por delante». Recuerdo que llegué a tal punto de estrés que hasta tuve espasmos musculares y taquicardias a mitad de la meditación. ¿Quién me manda a mí practicar una puta hora y media de meditación diaria? No sé en dónde cojones leí que, «cuanto más tiempo lo practiques, mayor resultado tendrás». En ese blog se saltaron la parte del «paso a paso», «ve poquito a poco» o «empieza dedicándole cinco minutos diarios para no acabar putoestresada». ¡En fin!

No soy la más indicada para dar consejos a nadie sobre nada. Todo lo que soy y he aprendido no ha sido precisamente por haber leído los manuales, cumplir con los pasos que impone el sistema educativo o sacarme ninguna carrera. No he pisado una universidad en mi vida (más que para dar alguna que otra charla a algunos jóvenes algo perdidos en «el mundo de las redes sociales»), he repetido curso más veces de las que recuerdo y he dejado a medias más formaciones de las que podría enumerar en este libro. Créeme que no tengo mucha idea de nada en concreto ni soy experta en nada de lo que pueda presumir (solo pensar en la palabra «experta», me atraganto con mi propio vómito). ¡¡¡Qué coñazo!!! ¡Y qué carga la de semejante cruz! ¡¡¡Quita, quita!!! Si acaso, puedo considerarme una aprendiz de la vida. Una tocapelotas. Una inconformista. Una de esas que no callan ni bajo el agua porque siempre tienen algo que decir. Una loca trotamundos apasionada de lo que le gusta, cansina hasta la saciedad, cabezota como ella sola e incapaz de dejar de desaprender, cuestionar y reflexionar sobre todo lo que el resto de los seres mortales toman como «normal». ¡ME MATAAA lo normal! Me aburre lo común. Detesto las normas, las estructuras, las jerarquías impuestas y, sobre todo, las injusticias (es decir, todo lo que acabo de mencionar).

Y es que todo lo poco que sé no se lo debo a ningún mentor, libro, curso, método o formación. Se lo debo a mis santos ovarios por ser capaces de afrontar todas las dificultades, adversidades y situaciones jodidamente «feas» que la vida me ha puesto por delante y, encima, haberlo hecho sacando aprendizaje de todas ellas. Y es que haberme cruzado con más de un hijo de puta en el camino, haberme mudado más veces de sitios que de bragas y haber tenido que sobrevivir de mil formas diferentes para ganarme el pan sin duda es y será mi único currículum. Mi carta de presentación. Esa que debería ser la única válida a la hora de calificar nuestro potencial. Esa que nos regala la vida y que no puede ser replicada, copiada ni imitada por nadie. Esa que te hace única y excepcional. Esa que nos define y representa nuestra identidad, nuestra historia, nuestra experiencia de vida y, por lo tanto, el único currículum que determina el desarrollo de nuestra capacidad para afrontar lo que el negocio, la pareja, el matrimonio y la vida decidan ponerte por delante.

Y aquí me veo obligada a hacer un inciso, porque no es cierto que solo se lo deba a mis ovarios. También se lo debo a los ovarios de la tremenda madre que me parió, una guerrera poco convencional de quien quizás os hable en un segundo libro. Conclusión de mi cuento: no te creas nada de lo que te digo, sencillamente ponlo en duda y compruébalo.

Prosigo con la meditación. No cometas la cagada que cometí yo. No empieces queriendo ir de cero a cien. Empieza con cinco minutos y sé disciplinada. No pretendas levitar. No intentes dejar la mente en blanco. No esperes nada ni pongas expectativas durante las primeras doscientas prácticas. Sencillamente calla y ejecuta. Que tu principal objetivo no sea olvidarte de todos tus dramas y callar la mente, sino construir el maravilloso hábito de pausar para silenciar. Pausar para conectar. Pausar.

Empieza por ahí y, poco a poco, irás acostumbrándote a esos espacios de silencio. Poco a poco, irás sintiendo comodidad en esos momentos y tu mente entenderá que no hay peligro en apagar o bajar las revoluciones un poquito.

La mente y el cuerpo deben trabajar en equipo y ambos son fundamentales en todos los procesos que vivamos. Procura tratarlos con mimo, paciencia y atención, y dedicarles el tiempo que sea necesario para que se lleven bien, se entiendan y puedan mejorar su relación. **Consigue que mente y cuerpo sean amigos. Consigue que conecten, que se escuchen, que trabajen de la mano.** Una vez que lo hagan, los resultados llegarán solos. Te encontrarás más presente, disminuirá el ruido mental, tomarás decisiones más coherentes con lo que sientes, notarás lo que sientes, cómo te sientes… Tendrás una mejor gestión de tus emociones, ya no saltarás como leche hervida ni verás problemas donde no los hay. Dormirás más profundamente y reconocerás fácilmente cómo te encuentras y qué necesitas. Y, sobre todo, atenta al dato, porque esto me ha pasado y no me fue advertido por ningún «titulitis cuentacuentos»: y es que meditar puede convertirse en una droga muy adictiva, una medicina natural que no solo sana, libera y expande tu potencial, sino que puede hacer que adquieras grandes y relevantes tomas de conciencia que te hagan despertar y replantearte muchas cosas que antes ni se te hubieran pasado por la cabeza.

Solo añadir que ¡amo esta droga y que moriré siendo una adicta!

¡Te invito a que escanees el siguiente código y recibirás un regalo de vuelta!

NIVEL 4. Dibujar para crear

Dibujar como forma de proyección y manifestación no es algo nuevo. Lo que voy a contarte no es algo que me haya inventado yo. Nada de lo que leas en este libro lo es. Como te he reiterado en varias ocasiones, se trata de herramientas que yo misma he utilizado y sigo utilizando para mi propia evolución, para mejorar mi autoconocimiento, para construir mi camino, para sentir mayor claridad en cada paso que doy y, sobre todo, para conocerme un poco mejor.

La buena noticia es que estas herramientas son muy efectivas si las aplicas con alma, dedicación y corazón. La mala, que deberás usarlas toda la vida. Pues no existe techo en el proceso de autoconocerse, de sanar, de soltar, de liberar y de disfrutar. Así que… ¡tómate esto como quieras! En tus manos está que esta lectura se convierta en una decoración más en tu enorme estantería de libros viejos cogiendo polvo o tomes acción desde **hoy**, confiando en probar una forma diferente de empezar a vivir con conciencia.

Todas nos hemos visto envueltas en cajones oscuros. Con un cajón oscuro me refiero a ese momento o a esa etapa en la que te sientes pequeña, te sientes encerrada. Un espacio oscuro en el que no parece haber salida ni sabes qué dirección tomar. Un momento de no lucidez, de pérdida de claridad y, como consecuencia, una sensación de incomprensión e incomodidad tan profunda que parece desestabilizar nuestro mundo por completo. Y sí…, hablo en plural porque claramente me incluyo en esta lista de sensaciones, pues, si tuviese que considerarme experta en algo, quizás sea en haber vivido durante mucho tiempo entre cajones oscuros. De ahí venga quizás mi necesidad de crear este libro; no solo como mi propio proceso terapéutico (que sin duda lo está siendo), sino como una guía de apoyo, inspiración y comprensión para quienes aún no reconocen el amor.

El amor de reconocerse a una misma y brindarse la vida que merece. El amor propio. Ese del que todo el mundo habla y pocos parecen experimentar. Ese que tanto lees en mensajitos de Mr. Wonderful y que, por más que te repitas y te sepas la teoría de memoria, no sabes por dónde empezar. Y es que, si por algo dejé de leer libros de «desarrollo personal» y de «autoayuda» hace ya algún tiempo, fue porque me cansé de que me digan todo lo que puedo alcanzar a ser, sentir y tener, pero se olviden de explicarte cómo carajo conseguirlo. Porque seamos honestas, la teoría ya nos la sabemos todas, pero ¿por dónde he de empezar si quiero hacerlo hoy?

Así que sí, me odiarás por momentos al ver que no hago más que mandarte tareas y ejercicios, invitándote a parar para que aprendas a respetar tus momentos de pausa y reflexión. Me pondrás a parir o tendrás ganas de pasar página o tirar este libro a la basura por considerar que ya bastante tienes con cumplir tu jornada laboral como para que ahora tengas que seguir cumpliendo con deberes en casa. Pero, amiga mía, de eso se trata, de trabajar en ti, de aplicar lo que lees, de integrar lo que haces, de comprometerte con tu crecimiento, de afrontar el dolor con tus santos ovarios, de liberar esas heridas que tan mal te quedan y que hace tiempo debiste soltar. Así que sí, toca ponerse a currar, bonita. Toca ponerte delante de una vez por todas. Ser tu prioridad. Hacer frente al cambio y afrontar la realidad. Porque, para que algo cambie, primero has de cambiar tú.

Y si no, tranquila, que puedo dejarte un listado interminable de libros de autoayuda para que al menos te aprendas la teoría. Esa de la que nos encanta alardear por nuestras altas capacidades de retener mucha información para que luego se quede solo en eso, en información almacenada en nuestro cerebro sin ninguna función.

Porque no olvidemos que somos el resultado de todo aquello que vivimos y no de todo aquello que creemos saber.

TAREA 9: DIBUJA, CONECTA Y MANIFIESTA LA VIDA QUE DESEAS

Ahora sí, después del sermón, toca poner acción.

Ingredientes:
- Lápices, rotuladores y cualquier cosa que tengas para colorear.
- Tu diario emocional o dos folios en blanco.
- Un ratito para ti.
- Paciencia.

Ejecución:

Te voy a pedir que tomes tu diario emocional. Si aún no lo tienes, me basta con que cojas dos hojas en blanco o dos folios que tengas en casa. También toma lápices de colores, rotuladores y todo lo que pilles para colorear.

Tómate esto en serio, pero no dejes de disfrutar. Permítete jugar. Aquí hemos venido a crear. Date permiso para pausar la máquina por hoy, ponerte música tranquila de fondo, encender una vela si lo sientes y jugar con lo siguiente que te voy a mandar.

Si no puedes permitirte esta pausa hoy, entonces cierra el libro **ahora** y lo retomas mañana o cuando te lo permitas.

1. En una cara de la hoja, en el lado izquierdo, vas a dibujar tu vida tal cual la ves en este momento. Basta dibujarte a ti misma tal cual te ves ahora mismo, con la ropa que llevas puesta. Por favor, no intentes hacerlo bien. Aquí no venimos a convertirnos en expertas en técnicas de dibujo. Aquí hemos venido a jugar, a liberar y a manifestar. Así que permítete hacerlo como el culo si eres de las mías, quien precisamente no heredó el talento de su madre a la hora de dibujar...

2. Ahora, alrededor del dibujo que hiciste, vas a escribir frases que definan tu vida de ahora. Tales como «trabajo en x», «tengo dos gatas», «gano x dinero al mes», «estoy soltera», «estoy casada con x», «entreno x veces por semana», «comparto piso con dos compañeros», «vivo sola en la montaña»... Todo aquello que consideres relevante.

3. En el otro lado, en la derecha de la hoja, vas a dibujarte nuevamente, pensándote a un año vista. Dibújate a ti primero en el centro y dibuja cómo estás vestida. Alrededor de ese dibujo tuyo, escribe todas esas frases que describan cómo te imaginas tu vida en un año. ¿Dónde estás? ¿Cómo te sientes? ¿Al lado de quién estás? ¿Cuánto ganas? ¿Dónde vives? ¿Entrenas y cuidas tu cuerpo? ¿Sigues soltera, te has divorciado o has tenido un hijo?

Aquí no se trata de inventarte nada. Estás creando. Estás dibujando dónde te gustaría estar dentro de un tiempo concreto. Si lo sientes, puedes hacerlo a tres meses vista, a un mes, a dos años, a cinco o a los que sientas. Como he dicho antes, aquí no existe la posibilidad de hacerlo mal.

Ya empieza a funcionar en el momento en que lo haces. Sea de la forma que sea.

¿Y por qué te digo que empieza a funcionar desde el momento en que lo haces? Por una cuestión bastante lógica si la piensas: dime, **¿cuánto tiempo hace que no te preguntas qué vida deseas?** No es una pregunta al aire. Te pido que vuelvas a formulártela, que cierres esta página y que respondas con total sinceridad.

¿Cuándo fue la última vez que te preguntaste qué vida deseas?

Quizás no sea este tu caso. Seguramente hay quienes ya se han respondido a esta pregunta alguna que otra vez. Pero, tristemente, he de decirte cuál es mi experiencia en los miles y miles de casos que he recibido a través de mensajes en mis redes sociales en los últimos cinco años. La respuesta es: «Nunca». Me atrevería a decir que el 99,9 por ciento de las mujeres que forman parte de mi comunidad no se han hecho esta pregunta antes. No se han permitido pausar sus pilotos automáticos para dibujar su lienzo en blanco y permitirse jugar, permitirse crear, permitirse proyectar.

La mayoría de ellas ha olvidado el poder tan increíble que tienen, ese que TODOS tenemos, pero que las mujeres incluso exponenciamos. Recuerda que la mujer es creadora, la mujer por naturaleza es creadora de vida. Tenemos la capacidad de crear vida dentro de nosotras. Una de las millones de cualidades que nos diferencian de los hombres (por mucho que a muchos les cueste entenderlo) es que tenemos el hermoso don de generar vida, de crear y formar un ser vivo, de tener hijos.

Y aquí te lanzo otra pregunta: ¿crees que teniendo el poder de crear nueva vida no lo tienes también para crear la tuya propia? ¡Claro que lo tenemos! Y no estoy vendiéndote humo, amiga. Piénsalo bien.

Obvio que no basta con dibujar en un papel, pero este es un primer paso. Es un paso que todas debemos dar. Primero, para permitirnos parar; segundo, para preguntarnos qué coño queremos; y, tercero, para recordarnos cuál es el camino al que queremos ir y debemos dirigirnos.

Así que sí, ¡dibuja! Haz este ejercicio como lo sientas y, pasado el tiempo que hayas decidido proyectar; ya sea un mes, tres, un año o dos, entonces vuelve a él y ve moldeándolo. Ve tachando eso que ya hayas conseguido y añadiendo nuevas frases que representen aquello que quieras atraer a tu nueva vida.

A día de hoy, practico esta tarea al menos una vez al año. Me ayuda a aterrizar mis ideas, a ver mis progresos y a tener más claridad del camino que quiero seguir. Esto me permite que, mientras recorro ese camino, mi foco sea más preciso y mis decisiones más convenientes. Esto me permite que, si durante este camino aparecen personas, pensamientos, ideas o propuestas que no estén alineados con lo que proyecté, sencillamente los descarte, evitando así entretenerme en cosas que me aparten de mi propósito.

Y, después de soltarte semejante chapa, en el próximo capítulo te cuento una historia personal para que me entiendas mejor con eso de «claridad y foco en lo que quieres para identificar lo que no quieres».

Capítulo 18.
CUANDO ME HICE AMIGA
DE LA CREATIVIDAD.
Parte de mi historia

Mientras escribo este capítulo, vienen a mi memoria mis años de estudio de Interpretación. Estudié tres años en Madrid y trabajé durante los dos años siguientes en teatro. Una de las mejores decisiones que pude tomar en mi vida, pues me dio tantas lecciones y tanto descubrimiento de mí misma que a día de hoy puedo admitir que el teatro fue mi mayor terapia y mi mejor maestro.

Tranquila, la tarea no consiste en que te apuntes mañana a una escuela de interpretación (aunque es algo que siempre recomiendo y recomendaré a todo el mundo). Te cuento esto para que entiendas la importancia de sobrepasar tus propios límites y de poner foco y acción en aquello que quieras lograr.

Recuerdo que el primer año de formación básicamente consistía en romper con la vergüenza. Si la memoria no me falla, fue en 2014/2015 cuando decidí apuntarme al teatro, después de una ruptura amorosa que me dejó en la mierda. Uno de esos momentos de pérdida absoluta de identidad de los que te contaba antes. Vivía sola en Madrid, apenas conocía a nadie, mi pareja había desaparecido del mapa sin previo aviso y sin señal alguna a la que aferrarme. Mi estado era lamentable. En menos de dos meses, me había quedado en los huesos. Era tanta la tristeza que no tenía ganas ni de vivir. Pero, claro, como de amor nadie muere y una vez que tocas fondo no queda otra que ir para arriba, pues así hice. Con la fuerza necesaria y las ganas justas, en mi desesperada búsqueda de salir del agujero, decidí apuntarme a una escuela de interpretación.

Llegué a mitad del segundo curso. Entré en un grupo ya formado. Un grupo que ya se conocía y para el cual yo era «la novata medio mona que viene aquí a probar suerte». En ese momento, yo acababa de participar en un *reality* que causó mucho furor en España, llamado *Un príncipe para Corina* (otro capítulo de mi vida que seguro me lleve una saga completa contarlo).

Imagínate la cantidad de suposiciones, prejuicios y «dar por hecho» que pudo pasar en esos momentos por las cabezas de mis compañeros. No los culpo. Seguro que yo hubiese pensado lo mismo en un contexto así. «Mírala, ahora que salió en la tele quiere ser actriz, será boba», «Seguro que no vale un duro, como el *reality* ese que hizo», «¿Qué hace aquí?», «¿Por qué no sigue haciendo televisión si solo busca fama?»… y un largo etcétera de sentencias que pude leer y percibir en el ambiente durante los primeros días de clase. Porque en muchas cosas sé que soy pésima, pero créeme que en detectar emociones e intuir pensamientos ajenos soy extremadamente buena. Así que pude notar de forma clara todo ese cúmulo de juicios sobre mi persona que, por supuesto, aumentaron mi nerviosismo y mis ganas de salir corriendo de aquel lugar.

Recuerdo que mi primer día de clase fue como observadora. Eduardo, mi profesor, me sentó a su lado y siguió su clase de tres horas sin decirme una sola palabra. Entiendo que solo quería que observase cómo era una clase de interpretación. Y eso hice, observar, observar y, cómo no, analizar. Analizar es algo que hago constantemente. No tengo que pensar en hacerlo, sencillamente lo hago. Así he nacido y así moriré, analizando todo lo que veo y lo que pasa. Así que no me costó detectar enseguida las emociones de mis compañeros y reconocer de dónde venían. Envidia, falta de escucha, mucho ego y falta de seguridad en sí mismos.

También notaba las emociones de mi profesor, algo desanimado por momentos y con ganas de dar collejas a más de uno que, en vez de callar, escuchar y aprender, iba a estorbar, a hacerse ver y a alimentar aún más su infumable ego.

Suerte que no todos eran así. Había compañeros que realmente estaban comprometidos con su aprendizaje y era hermoso verlos con los ojos brillando en su deseo de descubrirse un poco más. Porque no olvidemos que el teatro no es más que eso: un espacio de descubrimiento de quién eres, un escenario en el que uno se desnuda completamente sin juicio alguno sobre quién es. Quizás por eso sean pocos quienes llegan lejos, porque no todos valen para desnudarse, no todos son capaces y no todos están dispuestos a superar sus miedos más profundos.

Y allí estaba yo. Con más desgana que ganas, con menos proyección, propósito y entusiasmo que todos mis compañeros de sala y con la fuerza justa que mi endeble cuerpo me daba para mantenerme allí sentada, sin decir palabra. Al cabo de tres horas, la clase acabó y, antes de irme, Eduardo se acercó, me dio una hoja y me dijo: «Mañana te toca a ti». No expresó mucho más ni yo sentí preguntar.

Cogí mi hoja y me despedí con un intento de sonrisa. De camino a casa, sentí una sensación extraña. Me sentí diferente. Por primera vez en casi dos meses, había estado tres horas sin pensar en mi vida ni dialogar con mi tristeza. Por primera vez en dos meses, me había olvidado del drama y había puesto atención al drama de otros. Por primera vez en dos meses, había dejado de ser la protagonista de mi novela para poder ver y sentirme parte de la novela de los demás, ¡jajaja! (Sonrío mientras escribo esto porque realmente así lo recuerdo y así lo sentí).

Durante tres horas, sentí haberme alejado del ruido mental en el que me había visto envuelta tras el abandono inesperado de mi expareja. Y, sin duda, eso me bastó para agarrarme a las clases de Eduardo como clavo ardiendo. Al llegar a mi piso, un estudio de quince metros cuadrados en la zona de Embajadores de Madrid, sentada en mi sofá cama y con esa sensación tan acostumbrada de sentir todos los resortes clavados en mi cuerpo, me puse a leer esa hoja.

Recuerdo como si fuese ayer la primera frase con la descripción del personaje: «Monólogo de una mujer maltratada, abandonada por su marido»… ¡¡¡Pum!!! ¡En toda la boca! ¿Casualidades o causalidades? Con un primer novio maltratador y un segundo algo gilipollas como para abandonarme sin aparente motivo después de tres años de «aparente feliz relación», ¿tú qué pensarías? Ahora lo veo claro. Nada es casual. Todo es causal. Creas o no. La vida te pone por delante lo que te toque vivir y lo que te toque vivir es una causalidad de lo que consciente o inconscientemente estás atrayendo. Pero no voy a meterme aquí ahora que me voy del tema y quiero contarte bien la historia.

Continúo. En ese momento, no hilé nada. Sencillamente la Corina de antes no entendía de causalidades, pero sí de su intuición. Esa que existe en todos nosotros y que tan poco escuchamos. Enseguida supe que tenía que hacerlo. No sabía ni cómo ni por dónde empezar. Jamás había tenido que interpretar nada en mi vida ni había recibido ninguna indicación de cómo debía hacerlo. Así que hice lo que pude con lo que tenía. Una hoja con un texto y una historia que contar.

Leí el texto tantas veces hasta memorizarlo de punta a punta y, al día siguiente, me planté allí sin mucha expectativa. Recuerdo no haberme puesto nerviosa hasta estar ya allí y ver otra vez el juicio inconsciente en la mirada de mis compañeros. Eso me ponía tensa. También me generaba tensión el pensar que podía quedarme en blanco y que realmente no traía nada preparado. Solo sabía que sería capaz de repetir de memoria el texto con puntos y señales, siempre y cuando mis nervios no me jugasen una mala pasada.

Recuerdo que mis compañeros iban saliendo, uno a uno, con sus superpuestas en escena. Todos ellos traían vestuarios, algunos que cogían del mismo teatro y otros traídos de casa. Cada uno disponía de unos minutos de preparación del set y muchos pedían ayuda a los compañeros para mover, arrastrar, sacar y entrar todo tipo de cosas y muebles. Desde sofás, lámparas y flores hasta camas, velas y perfumes que espolvoreaban por toda la sala. «Wow», pensé... Menuda puesta en escena que se están montando aquí mis compañeros y yo sin tener ni puta idea». El primero en salir fue Carlos (un nombre que acabo de inventarme para que, cuando el muchacho lea el libro, no sienta que su vida es una farsa). Carlos era el protagonista de aquel grupo. Con un ego que sobresalía de aquella sala y con una necesidad constante y absurda de tener que quedar por encima de todos, incluido el profesor. En resumen, un estorbo para quienes de verdad tenían la intención de aprender.

Recuerdo que le pidió al profesor que atenuara las luces y trajo de casa una lista de reproducción que él mismo había creado para su monólogo. Mis expectativas no eran altas viniendo de semejante personaje, pero me llamaba mucho la atención toda la puesta en escena que tuvo que recrear antes de interpretar su papel. Ese papel que se quedó solo en eso, en papel. Pues, básicamente, se dedicó a escupir el guion de forma sobreactuada y sin ningún tipo de emoción real. Sin contar con los veinte minutos posteriores en los que se dedicó a excusarse, reprochar y tirar balones fuera cada vez que Eduardo lo corregía e intentaba guiarle para que encontrara la verdad detrás de cada palabra escrita en ese precioso monólogo. Ese que tanto poder tenía y que tan mal expuso. Pues, básicamente, su preocupación residía más en salir guapo ante la cámara y que la foto de Instagram se viese bonita que en su capacidad de contar con verdad una historia cargada de matices y emociones que ni la mejor cámara fuese capaz de captar.

Así fueron saliendo cada uno de mis compañeros. Uno por uno. Cada quien con su monólogo. Algunos eran dramáticos, otros cómicos, otros ni siquiera sé de qué iban porque no había por dónde pillarlos. Pasaban las horas. Yo miraba el reloj de reojo cada dos por tres. Podía verlo sin casi torcer el gesto, pues estaba cerca del techo, a mano izquierda, justo a la altura de mis ojos. Bastaba con hacer un simple movimiento de pupila para verlo y verificar que los minutos pasaban cada vez más lentos. Solo deseaba que mis compañeros siguieran haciéndolo cada vez peor para que, entre correcciones, berrinches, subidas de ego y pausas de baño, Eduardo se olvidase de que yo estaba allí, en primera fila, cagada de miedo y con el único deseo de que esa clase acabara sin que diese tiempo a mi pase magistral. Pero, claro, eso no ocurrió. Si no, no habría historia que contar ni aprendizaje que sacar.

«Corina, tu turno», dijo Eduardo. «Diooos, que me ca-goooooo aquí mismoooooo», pensé yo. Pero, claro, como de amor nadie muere, ni por miedo nadie acaba cagándose, pues ahí que fui. No me quedó otra que hacerme la digna y salir al escenario. Con el miedo de la mano. Pero al escenario. Tomé una silla. Cerré los ojos. Hice tres respiraciones profundas. Me quedé un rato más con los ojos cerrados, con la intención de olvidar que había treinta ojos apuntando a mi sien, dispuestos a cargar sus escopetas y disparar juicios con libre albedrío contra mí. Y ahí me quedé. En silencio. A oscuras con mi respiración. No sé si fueron minutos o segundos. Solo sé que, una vez que los nervios desaparecieron y menguó el ruido en mi mente, surgieron algunas preguntas espontáneas en mi interior para conectar con las emociones del personaje: «¿Cuál es su mayor miedo ahora mismo? ¿A qué teme? ¿Qué emociones predominan en ella después de lo que le ha pasado?».

De repente, me teletransporté a mis propios recuerdos. Esos recuerdos que meterías en un baúl directo al fondo del armario con un inmenso candado custodiado por guardianes y dragones que prohíban su acceso. Esos recuerdos que deseas enterrar y que, sin embargo, son ellos los que acaban enterrándote a ti por no hacerles frente y preferir meterlos en un puñetero baúl.

No tardó en aparecer un nudo en mi garganta. Era tan fuerte y punzante que más que un nudo sentía un erizo rajándome la piel. Empecé a notar una presión en el pecho, como si alguien muy pesado estuviera saltando con sus dos pies encima de mí. Un potente calor subía desde mis pies hasta mi cerebro, ya frito de tanto aguantar el drama en el que últimamente vivía. Mis latidos sonaban tan fuertes que creía que el corazón se saldría de mi cuerpo por momentos. Así que, con un gran esfuerzo, luchando con el nudo de mi garganta y con la desesperada intención de escupir de una vez por todas el maldito monólogo, abrí los ojos. Estaban rojos, muy rojos. Recuerdo no ver a mis compañeros. Con tanta lágrima contenida no podía ver más que sombras sin ninguna nitidez.

No sé si alguna vez has vivido tras una mirada vacía. Una mirada en la que tienes una sensación de vacío tan profundo que no sientes ni fuerzas para parpadear, pues tu mirada se ha quedado estática, sin un solo parpadeo durante un tiempo interminable en la mismísima nada. ¿Lo has sentido alguna vez? Yo sí. Muchas veces. Sobre todo, en esa etapa.

Recuerdo que mi mirada se quedaba como colgada por momentos y mi mente viajaba a recordar alguna parte de la historia en la que vivía feliz para quedarse allí, durante el tiempo que quisiera. Sin prisa por volver. A veces tenía la sensación de vivir más en el recuerdo que en la vida real. Eso sí, cada vez que volvía, el golpe parecía ser más fuerte. Pues viajar al pasado para quedarte anclada en un «lo que podría haber sido y no fue» es el autosabotaje y el masoquismo más grande que puedes hacerte a ti misma.

Pues bien. Allí estaba yo, sentada en una silla, con la mirada vacía, perdida en la nada, con los ojos rojos como hornallas ardiendo y con la mente pivotando entre recuerdos de mis exnovios: el primer cabrón que entre insultos, golpes y abuso se cargó gran parte de mi adolescencia; y el segundo cabrón, quien me abandonó sin previo aviso y hasta llegué a ver la muerte como una posible aliada. Allí, entre todos esos recuerdos dramáticos que nunca conté y que jamás habían salido del baúl custodiado por guardianes y dragones, seguía sentada con mis ojos cerrados.

No recuerdo bien qué fue lo que me hizo volver. Quizás un sonido, un espasmo o un toque de mi mente recordando que no estaba sola y que tenía un monólogo que soltar. Así que, sin pensarlo, eso hice. Sin forzar ni un dedo, sin ninguna intención de hacerlo bien o mal, sin mover el más mínimo gesto y con la mirada aún perdida en la nada, empecé a narrar el monólogo.

No recuerdo qué pasó. No sé cuál fue el problema ni cuándo empezó. No sé qué pude haber hecho mejor. Solo sé que, si en mis manos estuviese volver atrás y quedarme atada a su abrazo, lo haría sin ni siquiera pensarlo. Pero no recuerdo qué pasó. No sé cuál fue el problema ni cuándo empezó... Solo sé que, aún con mis ojos rojos, mi piel marcada y mi corazón roto, volvería a sus brazos sin contemplación. Pero no sé qué pasó... Solo sé que mis rodillas están rotas, que ya no tengo fuerzas para levantarme, que mi alma se fue con la suya y que nada vale si no puede ser con él. Sé que sus golpes aumentaron con sus miedos, sé lo que venía después de cada borrachera, sé que la esperanza de que algo cambie se desvaneció hace tiempo. Pero no recuerdo qué pasó, no sé cuál fue el problema ni cómo empezó. No sé qué pude haber hecho mejor...

Se hizo el silencio en la sala. Nadie dijo nada. Recuerdo que debajo de mí había un charco de agua. Las lágrimas no habían dejado de brotar, cual palomitas de maíz explotando en el minuto tres del microondas. Era como si hubiesen abierto un grifo de agua sin palanca para volver a cerrarlo. Al cabo de unos segundos, volví a la realidad. Miré a mis compañeros sin mantenerle la mirada a ninguno de ellos. Me sentía desorientada con lo que acababa de pasar. Era como si no hubiese estado ahí, como haber desaparecido del espacio-tiempo por momentos. Me sentía desnuda y a la vez algo liberada. Eduardo me invitó a sentarme de regreso con el resto de mis compañeros con un simple gesto de cabeza.

No sé muy bien qué ocurrió ni tampoco qué pasó por la cabeza de mis compañeros en ese momento. Solo sé que a partir de ahí me gané su respeto. En la clase siguiente, ya todos me saludaban con una mirada realmente amorosa, de esas que sabes que son sanas y que de verdad preguntan para conocerte y no para rajar de ti a tus espaldas. Sé que a partir de entonces empezó mi terapia inconsciente, a través de la cual encontré una forma relativamente «fácil» de liberar mis traumas y pajas mentales. Sé que me aferré a cada uno de mis personajes para poder expresar a través de ellos lo que yo no era capaz de expresar en mi vida real.

Sé que, cuanto más soltaba, más liberaba. Que, cuanto más liberaba, más sanaba, y que, cuanto más sanaba, más ligera de equipaje iba, mejor me encontraba, más seguridad ganaba y más sonreía. Sé que muchos de mis compañeros se convirtieron en amigos y que incluso uno de ellos pasó a ser mi actual hermano. Ese hermano de «no sangre» que solo los afortunados tenemos la gran suerte de encontrar.

Sé que el proceso no fue fácil, que tuve que luchar contra viento y marea para intentar olvidar, que tuve que recoger poco a poco las piezas rotas de mi autoestima y reconstruir con pico y pala un nuevo refugio dentro de mí donde pudiese encontrar algo de calma.

Sé y recuerdo muy bien todo lo que viví en esa maravillosa etapa de mi vida. La etapa en la que más profundo caí para luego más fuerte levantarme. La etapa en la que pude resurgir de mis propias cenizas y demostrarme a mí misma mi capacidad de resiliencia cuando menos creí que podía.

Fueron muchos los aprendizajes de aquella etapa. Una etapa larga y dolorosa. Dura y mágica. Difícil y entusiasmante. Tormentosa y divertida por momentos. Una etapa cargada de emociones y matices que difícilmente soy capaz de resumir en este trocito de historia.

Pero si tuviese que quedarme con la mayor lección que me regaló esa etapa y concretamente el teatro, te diré que fue reconocer que **la vergüenza, la tristeza, la culpa, la rabia y el resentimiento de lo que pudo haber sido y no fue solo sirven para perder oportunidades.** ¡La oportunidad de vivir algo nuevo, de nivelar la balanza entre tus miedos y tus sueños, de hacer frente a aquello que te aterra y regresar más fuerte tras derribar tus propias limitaciones! Porque dejar de hacer algo por cualquiera de estas emociones tan limitantes es vivir con miedo, y vivir con miedo es vivir a medias.

De no haber traspasado la enorme vergüenza que me daba apuntarme a una clase de teatro, de no haber tenido los ovarios de plantarme en una clase ya avanzada en la que no era bienvenida, de no haberme sentado en esa silla aun cagada de miedo, exponiendo delante de todos aquel monólogo hecho más para mí que para el propio personaje, de no haberme roto en mil pedazos delante de desconocidos y de no haberme permitido mostrar mis heridas más profundas, de no haber atravesado el miedo de frente cada vez que la sensación de vergüenza, culpa e insuficiencia invadía mi cuerpo…, créeme que no sería quien soy.

No habría aprovechado las oportunidades que la vida me brindó desde entonces. No habría trabajado en uno de los teatros con más historia de Madrid, ni en una de las comedias más conocidas de la ciudad: *Burundanga.* No habría hecho gira por toda España, de la mano de una de las actrices españolas de teatro con más reconocimiento y admiración que conozco: Natalia Millán. Tampoco habría grabado una película ni habría escrito decenas de guiones que nunca llegué a publicar. De no haberme enfrentado al miedo, no habría ganado la confianza que ahora tengo en un escenario, no hubiese superado mi terror a hablar en público, no habría conocido la cantidad de historias que llevamos a cuestas cada uno de los artistas con los que tuve el placer de compartir tablas, ni me hubiese empapado de la riqueza interior que se siente al vibrar con las emociones, las risas y los aplausos del público.

Y es que, si algo me regaló el teatro, fue la puesta en escena perfecta para soltar mis miedos, liberarme de la vergüenza, reencontrarme con mis talentos y reconocer la capacidad que todos tenemos de resiliencia ante todo lo que nos suceda, por muy dramática que sea la historia.

Porque, si algo te brinda el arte, el baile, la interpretación, la danza, el dibujo, la música, la escritura y cualquier rama artística que decidas desarrollar, es la oportunidad de conectar con tu energía creativa. Esa que te permite crear. Esa que te invita a construir un nuevo ser. Esa que abre un espacio nuevo, con un lienzo en blanco, y con el poder de desaparecer del mundo que ya conoces para crear el que deseas. El que tú decidas dibujar, con el que tú decidas moverte, ese que expreses con tus propias palabras, ese que cantes con tu propia voz, dances a tu propio ritmo y en el que consigues recrearte de forma casi mágica.

Corina Randazzo

En resumen:

- Recontextualiza el concepto de «amor». Evita usar en vano esta palabra tan mágica y poderosa, dale el valor que merece.
- ¡No existe forma de amor más importante que el amor propio!, pues una no puede dar lo que no tiene dentro.
- A veces, decirte «sí» a ti misma implica decir «no» a otras personas. No existe acto de amor más puro hacia tu propio ser.

- Potencia, rentabiliza y cuida de tus tres pilas diarias: la del tiempo, la de la energía y la del amor propio. Recuerda el compromiso de vivir un día a la vez y cada mañana trabaja en estas tres cuestiones:
  - ¿Qué puedo hacer hoy para sacar el máximo provecho a mi pila del tiempo?
  - ¿Qué puedo hacer hoy para mantener cargada mi pila energética?
  - ¿Qué puedo hacer hoy para aportar carga a mi pila de amor propio?
- Bloquea en tu agenda el tiempo para llevar a cabo los tres pilares del autocuidado: cuidado del cuerpo, cultivo de tu desarrollo personal y recarga de tu energía vital. A estas actividades diarias debes darles el mismo valor e importancia que a cualquier otra responsabilidad u obligación.
- Disfruta de tus ratitos de amor y conecta contigo a través del arte. Dale al botón de *pause* y permítete bajarte del mundo, aunque sea solo un ratito. ¡Es hora de trabajar en tu mundo interior!
  - Baila para soltar.
  - Escribe para sanar.
  - Medita para conectar.
  - Dibuja para crear.
- Deja atrás el miedo, la vergüenza o el qué dirán. El miedo limita, evita, encierra, domina y esclaviza. Sal de tu zona de confort, conecta con tu esencia más pura, con tu parte más creativa, y deja de vivir a medias. La vida es para los valientes. Y las oportunidades llegan para quienes nos atrevemos a vivirla, sin miedo.

PARTE IV
PIERDE EL TEMOR
A ESTAR SOLA

Capítulo 19.
MIEDO A LO DESCONOCIDO

Un estudio realizado en 1994 por Mihaly Csikszentmihalyi comprobó que los adolescentes que no soportan la soledad son incapaces de desarrollar el talento creativo.

También el gran filósofo del momento, Byung-Chul Han, autor de *La sociedad del cansancio*, manifiesta la urgente necesidad de recuperar nuestra capacidad contemplativa para compensar nuestra hiperactividad destructiva. Según este autor, «solo tolerando el aburrimiento y el vacío seremos capaces de desarrollar algo nuevo y de desintoxicarnos de un mundo lleno de estímulos y de sobrecarga informativa».

Tememos a lo desconocido y eso significa que nos tememos a nosotros mismos. Nos pasamos la vida rodeados de gente, de ruido, de quehaceres, de entretenimientos vacíos que nos apartan del silencio, de la compañía de uno mismo, de la conciencia que requiere saber qué sentimos, qué queremos y qué es aquello que está haciéndonos mal.

Son muy pocos, y a veces nulos, los momentos del día en los que tenemos la oportunidad de pasar tiempo a solas y, cuando los tenemos, no los aprovechamos. Enseguida encendemos el televisor o cogemos el móvil para entretenernos con cualquier cosa que nos distraiga y conectar con todo menos con nosotros.

Y es que esta actitud es de lo más normal. Desde que nacemos, nos educan para seguir unas normas no escritas que están muy bien asentadas en el inconsciente colectivo y que, además, parecen estar muy alejadas de lo que en verdad nos importa a todos en la vida. ¿Quiénes somos? ¿Qué hemos venido a hacer a este mundo?

Quien consigue hallar desde el corazón la respuesta a estas dos preguntas ya sabe más, tiene más éxito y ha obtenido más herramientas que cualquier estudiante de Oxford, catedrático de Cambridge y presidente de gobierno. Es una lástima que la gran mayoría de las personas ni se planteen estas preguntas…

No sé quién nos metió en la cabeza que saber de la vida va de la mano o se refleja en los logros económicos, los títulos sociales o con el número de coches lujosos que consigas aparcar en tu garaje. Siento ser tan clara, pero quien piensa así y ha comprado todos esos paradigmas no tiene ni puta idea del verdadero significado de la vida.

Nos han hecho creer que tener una «mejor» nota, un «mejor» carro, un «mejor» sueldo o un «mejor» currículum nos hace ser «mejores» que los demás… *What?* **¿De qué te sirve esforzarte tanto por querer tener «más» si luego tienes que encender el televisor para acallar la voz interna que te grita que no eres feliz?**

Nos enseñaron a poner el foco en logros externos para conseguir cosas materiales, pero ni siquiera nadie nos enseñó a averiguar quiénes somos. Si no, ¿por qué en los colegios no existe una clase de meditación, introspección o respiración consciente? ¿Por qué no existe una cátedra de crecimiento personal o una estrategia clara a partir de la cual los niños puedan descubrir cuáles son sus talentos para luego trabajar en ellos y aprender a desarrollarlos? ¿Por qué tanto interés en que memoricen números, fechas y letras que poco aportan a un niño de tan corta edad?

Y es que todo va de la mano. ¿Cómo no rehuir del silencio? ¿Cómo no temer a la soledad? ¡Si ni siquiera nos han enseñado jamás a convivir con ella, a sentirla, a escucharla!

La mayoría de las personas no conocen el silencio ni mucho menos recuerdan la sensación de poder estar en un estado de presencia, es decir, con la mente anclada en el presente. Y digo «recuerdan» porque hubo un tiempo en el que éramos capaces de estar sencillamente en el ahora, era un estado natural, sin forzar, sin meditar, sin que nos costara.

Recuerda que una vez fuimos niños de alma libre, **recuerda que naciste siendo libre y que con el tiempo te convertiste en prisionero de las normas no escritas** que te dictó tu entorno.

Conseguir un buen trabajo, un puesto fijo, una casa bonita, tener hijos y encontrar a la persona adecuada para hacer todo lo socialmente debido y aceptado...

Entonces, me pregunto: ¿en qué momento nos enseñaron a crecer, nos invitaron a crear, a ganar seguridad, a encontrar nuestro camino? ¿Qué quieres? ¿Quién eres? ¿Qué te gusta hacer? ¿De quién y de qué quieres rodearte?

Entonces continúo preguntándome: ¿de qué nos sirve alcanzar todo «lo debido» si cada vez que llegamos a la meta volvemos a sentirnos perdidos?

Corina Randazzo

Capítulo 20.
¿Y CÓMO LO CONSIGO? ¿CÓMO PUEDO ESTAR SOLA? O, MEJOR DICHO, ¿CÓMO LOGRO ESTAR CONMIGO?

Ahora viene la parte en la que seguro que estás preguntándote: «¡Vale, ok! Toda la teoría genial, Corina. Estoy de acuerdo contigo, pero ¿cómo hago para volver a liberar mi mente? ¿Cómo hago para no temer estar sola?». A lo que respondo: «¡No existe ni varita mágica ni atajo ni truco de magia!».

¿Cómo crees que un piloto de Fórmula 1 consigue ser un piloto de Fórmula 1? ¿Acaso nació sabiendo? ¿Tuvo suerte? ¿No será que se pasó media vida en el asfalto practicando para poder estar donde está? Vale, quizás me he pasado poniendo este ejemplo, pues seguramente existen casos en los que influye la «suerte», contar con los contactos adecuados y, cómo no, el estatus social correspondiente.

Aquí lo importante es entender que nadie nace dominando nada y que, si bien hay cosas que se nos dan bien naturalmente y con más facilidad que otras, en la mayoría de los casos ¡hay que entrenar como si de un músculo se tratase! Vas un día al gimnasio y bien sabes que no sales más tonificado que ayer, pues esto es igual. **¡Conectar contigo requiere entrenamiento!** Requiere de reeducar a tu mente. Requiere una reprogramación, una reinterpretación de ese miedo inventado por tu mente que te dice «no eres capaz de estar sola» para transformarlo en «soy mi refugio, soy mi mejor compañera, mi hogar reside en mí, me caigo bien y disfruto de mi compañía».

Como todo en la vida, se consigue con práctica y constancia. Si temes estar sola, lo primero que debes hacer es estar sola. Tal cual, sin peros ni excusas. (Mejor voy a usar el término «contigo misma», que se acerca más al mensaje que intento transmitir).

No es necesario que estés contigo todo el rato, pero sí es importante que busques esos ratos a lo largo de la semana. Que los hagas tuyos y que te pertenezcan. Huecos donde disfrutes de estar contigo, de desconectar del mundo y de conocerte. Te diría que en esos huecos apagues el móvil y el televisor y te centres sencillamente en estar presente. Puedes hacerlo mientras bailas o escuchas música, mientras escribes, mientras cocinas, haces yoga, lees o te das un paseo por la playa. ¡No importa dónde lo hagas ni lo que hagas, lo que importa es que lo hagas! Convierte ese espacio en tu pequeño templo, en el que nadie pueda molestarte, entrometerse ni tan siquiera acercarse. Solo te pertenece a ti. Es tu momento de gloria, ¡disfrútalo!

Al principio te costará pensar que no eres un bicho raro, incluso creerás que lo que haces es de «locas» o aburrido, pero con el tiempo verás cómo tu mente agradecerá cada ratito que le dediques. Aprovecha esos ratos para preguntarte cómo te sientes, qué sientes y qué deseas.

Identifica en esas conversaciones internas: ¿qué es lo que puede estar «doliéndote», cuál es tu temor, qué te bloquea y de dónde viene esa ansiedad…? y escribe, escribe mucho, escribe todo lo que sientas.

Nuestra cabeza va a mil por hora. Según los expertos, tenemos tres mil pensamientos por minuto para ser exactos y, claro, ¿cómo vamos a aclararnos con tanto follón? Por eso, como te expliqué en capítulos anteriores, es importante escribir. **¡Te animo a que escribas!** Porque, cuando ordenas tus pensamientos con el poder de la palabra escrita, consigues identificar cuál de todos ellos se acerca más a ti, te describe mejor y habla de tu estado real. Así que escribe cómo te sientes, escribe tus temores, escribe tus deseos y empieza a conocer quién eres de verdad.

La chica de la clínica

El otro día, mientras estaba en una clínica haciéndome un tratamiento, me dio por preguntarle por su relación de pareja a la muchacha que normalmente me atendía y con quien ya tenía algo de confianza.

Le pregunté cuánto llevaba con su pareja y me respondió que once años. Le pregunté si era feliz y guardó silencio. Le pregunté si imaginaba diez años más, llevando la misma vida junto a su pareja…, a lo que calló unos segundos más y luego me respondió sobresaltada, entre llantos: «No quiero hablar de esto porque rompo».

A partir de ahí, seguí hurgando un poco en su llaga para saber qué era lo que tanto la dañaba y es que después de once años de relación ni siquiera era capaz de expresar a su pareja cómo se sentía… ¡¡¡A su pareja!!! ¡¡¡No era capaz de ser sincera con esa persona que había elegido como compañero, a quien había dedicado once años de su vida, con quien convivía y dormía cada noche!!!

¿Después de once años, no te sientes capaz de hablar de tus sentimientos? *What?*

Y es que tenía tanto temor de decirle lo que sentía que prefería callar lo que el corazón le gritaba.

Y esto no solamente le ocurre a la muchacha de la clínica, es un patrón común en la gran mayoría de las personas. Vamos por la vida ocultando nuestros sentimientos, deseos y emociones, hasta el punto de bloquearlos tanto que creemos ser ese personaje que nos hemos inventado. Ese personaje que acepta la vida que cree que «le ha tocado vivir», ese personaje que se acomoda a la rutina, que ve la vida pasar y que no actúa, no dice, no se expresa por miedo a que algo cambie, por miedo a empezar de cero, por miedo a «estar sola».

¿Qué pasa cuando tomamos la decisión de empezar a prestar atención? ¿Qué pasa cuando decidimos pasar más tiempo con nosotras mismas? Pasa que ese personaje que te has montado y que te tiene totalmente controlada empieza a perder fuerza. Pasa que, de repente, el mundo se para por momentos para que tú puedas empezar a entender qué ocurre dentro de ti. Pasa que tu verdadero «yo» renace lentamente porque al fin siente que estás escuchándolo. Pasa que cada rato que dediques a estar contigo será un rato que le quitas al personaje que inventaste para soportar una realidad que no te gusta. Estarás alimentando a tu verdadero «yo». Estarás dejando que florezca poco a poco.

Esta es la razón por la que insisto en que esos ratos que te dediques solo sean tuyos; para no sentir la necesidad de ocultarte nada, para no tener que camuflar emociones, para no tener que poner buena cara… Esos ratos son solo para ti y la única intención que hay en ellos es conocerte y conectar con tu verdad.

¡¡¡Que se pare el mundo!!!
Que yo me bajo un rato, retomo, recalculo, lo asimilo y me vuelvo a montar.

Corina Randazzo

Capítulo 21.
APRENDIENDO A «ESTAR SOLA»

Puede que pienses que he sido así toda la vida, pero, como te he contado en los anteriores capítulos, la Corina del pasado era muy distinta.

¿Cómo era? Mi «yo» de antes no era capaz de estar en silencio, mi «yo» de antes pasó mucho tiempo viviendo el «amor» desde el apego y la necesidad de estar en brazos de quienes nada le aportaban por temor a estar sola.

Mi «yo» de antes tenía el alma inquieta porque, en lo más profundo, sabía que debía haber algo más ahí afuera. Pero lo cierto es que su temor parecía ganar siempre la batalla a su corazón, porque, por una excusa u otra, jamás decidía hacer nada al respecto.

Y así pasé muchos años, esperando a que las cosas cambiasen por sí solas, sin querer mover ficha por miedo a perder algo y sin saber muy bien el qué…

Después de tocar fondo en varias ocasiones y cansada de pisar el fango una y otra vez, decidí refugiarme en la lectura y, sobre todo, en la escritura. Pensándolo mejor, no fue algo que decidí, creo que fue algo que surgió en un momento de desesperación, al no saber ya a qué recurrir o con quién tratar para salir del pozo en el que estaba metida.

Por un motivo u otro, la vida me soltó tal cantidad de guantazos juntos que, cuando quise reaccionar, apenas me quedaban fuerzas para saber cómo. No recuerdo bien cómo fue, solo me recuerdo buscando en internet libros sobre psicología y desarrollo personal. Por aquellos años casi nadie hablaba sobre estos temas, ni mucho menos había tanta información como ahora. Recuerdo incluso que casi nadie conocía el término «*coaching* personal».

Todo lo que leía era nuevo para mí y quizás por esto me atrapó tanto. Necesitaba urgentemente apartarme del círculo en el que estaba, transformar mi rutina insalubre y cambiar mis entretenimientos dañinos para centrarme en mí, escucharme de una vez por todas e indagar sobre aquellas preguntas que tanto me inquietaban y resonaban en mi cabeza desde hacía tantos años: **¿quién soy? ¿Qué siento? ¿Qué deseo? ¿A qué aspiro?**

Estudiar y empaparme de este concepto denominado «autoconocimiento» despertó algo en mí con tanta fuerza que esas ganas de disfrutar de la vida que tanto anhelaba parecían haber resurgido de forma repentina. Después de una larga época de oscuridad, al fin pude ver luz en el túnel y me aferré a esa «nueva forma de vida» que todos esos libros me proponían, como un bebé que se aferra a su chupete y no encuentra calma sin él.

Mis momentos de soledad, que para entonces eran momentos de calvario y ansiedad por no saber qué hacer, se convirtieron en mis momentos favoritos del día. Cuando se acercaba la noche, ya sabía que llegaría a casa a disfrutar de mi tranquilidad, leyendo sin que nadie me molestara, tomando apuntes sin pedir opinión ni consejo a nadie, conectando con la Corina que siempre había querido hablar y a quien nunca me había permitido escuchar...

Recuerdo que empecé a decir que no a muchos planes con «amigos», a muchas noches de «fiesta y subidón» (como ellos las llamaban) porque prefería quedarme en casa con mi pijama, tomando conciencia de quién era y disfrutando de un rico sushi a domicilio acompañado de una copa de vino blanco. Por primera vez en mi vida, estaba empezando a disfrutar de mí misma, sin compañía de nadie y alejada por completo del barullo de la gran ciudad.

Esto acabó convirtiéndose en rutina y, con el tiempo, la soledad y yo nos hicimos íntimas amigas. Entendí que, **para aprender a estar sola, tienes que estar sola**... y que, para llevarte bien con la soledad, debes conocerla primero y dedicarte tiempo.

Capítulo 22.
MI LISTA DE PROMESAS
POR CUMPLIR

Aprender a estar sola no fue un proceso rápido ni fácil, sino que me llevó mi tiempo y mi aprendizaje. Lo cierto es que mi sed de evolucionar y pasar al siguiente nivel iba *in crescendo* y estaba decidida a hacerme más fuerte. Recuerdo que escribí en un papel todo aquello que me daba temor o vergüenza hacer sola y me prometí hacer todas aquellas cosas y poder tacharlas de la lista antes de que acabase el año.

En este listado, entre otras cosas, apunté:

- Ir al cine sola.
- Una cena en un buen restaurante en la mejor compañía (la mía).
- Viajar sola.

Viajar sola era algo que aún veía lejos en esos momentos. Sentía que había evolucionado, pero no lo suficiente como para hacer un viaje conmigo misma.

Por lo pronto, me propuse empezar por lo más fácil, que era ir al cine sola. Aún recuerdo mis nervios al plantarme en la cola para sacar la entrada y ver que todo el mundo me miraba… (La realidad es que nadie estaba mirándome, pero en ese momento yo así lo sentía, fruto de mi temor a que los demás me viesen como una triste joven solitaria a la que nadie quiere acompañar al cine… Jajaja, qué absurdo, ¿no?).

Mi primer cine sola

Tras comprar mi entrada, recuerdo ponerme en la cola de las palomitas y entrar en un conflicto interno sobre si comprarlas o no: «Y, si las compro, ¿de qué tamaño? porque, claro, voy sola y me las comería todas, así que… ¿Cuántas palomitas puedo llegar a comerme yo sola? ¿Cuáles me compro, las dulces o las saladas?». Terrible dilema, ¡¿no?! (Ironía).

Aunque ahora parece una tontería, en ese momento, así lo sentía… Tantos años compartiendo palomitas en el cine con todos mis amigos y con mi pareja que, llegado el día en el que yo tenía que elegir, no sabía ni cuáles me gustaban ni qué tamaño quería ni qué bebida me apetecía tomar.

Fue en ese justo momento cuando aterricé y entendí que aprender a «estar sola» requiere de tomar decisiones constantes y que esas decisiones deben ser tomadas única y exclusivamente por ti, deben ser solo tuyas y nada más que tuyas. Fue en ese momento cuando me di cuenta de la vida que llevaba y de que corría el riesgo de estar convirtiéndome en un títere que hace y dice lo que los demás esperan que haga y diga. Una persona sin identidad ni poder de decisión sobre nada, ni siquiera sobre sus gustos, y mucho menos sobre su vida.

¡Salí del cine empoderada! Aplaudí muchísimo al acabar la película, como si se me fuese la vida en ello. Salí de allí con el bote de mis palomitas de colores totalmente vacío y con un subidón de energía que hacía mucho que no había sentido.

Y tú irás: «Pero si solamente fuiste al cine sola…», a lo que te responderé:

No fue solo ir al cine. Lo que esa noche conseguí fue demostrarme que podía hacer aquello que me gustaba y que podía hacerlo sola, llegando a disfrutar incluso más de lo que llegaba a disfrutar con amigos. Cuando salía acompañada, siempre eran ellos quienes elegían los horarios, las palomitas y las películas, porque nunca nadie quería ver una peli de Disney conmigo.

Ese día me demostré que era capaz de romper con la grandísima limitación que tenía en mi cabeza, que me decía que sin alguien a mi lado no podía sentirme completa. Ese día, Corina entró en el cine siendo una y salió de él siendo otra.

Porque, cuando dicen que son los pequeños detalles los que marcan la diferencia, bien hacen referencia a momentos como el que os he descrito.

Mi primera cita romántica conmigo

A la semana siguiente, un sábado por la noche, me encontraba arreglándome y poniéndome guapa para mi cena romántica conmigo. (Lo leo y me sale la sonrisa tonta porque aún lo recuerdo como si hubiese sido ayer). Después del gran paso que había dado yendo al cine sola, no me iba a quedar con las ganas de probar la sensación de cenar conmigo misma en un buen restaurante.

Me puse uno de mis mejores vestidos, taconazos negros y me planté en una terraza preciosa de Madrid, dispuesta a pedir mesa para una. Aún recuerdo la cara de la muchacha cuando me preguntó: «¿Cuántos sois?» y respondí: «Solo yo» con gesto tímido y algo avergonzada. Me miró de arriba abajo, no con mala intención, pero sí algo sorprendida. Parecía que sus ojos necesitaban verificar que una chica tan joven y con esos taconazos se dignara a venir sola a cenar un sábado por la noche.

Me acompañó hasta la mesa y luego la vi de reojo cuchicheando con el camarero como si mi presencia fuese la novedad. En ese momento, me tensé un poco y me sentí algo retraída por la situación. Durante algunos minutos, me invadieron debates conmigo misma, cuestionándome sobre si estaba haciendo bien o estaba haciendo el ridículo allí sola, vestida como una «diva». Por suerte, fueron solo unos minutos y enseguida volví a dominar mis pensamientos. Me recordé mi promesa y cuál era mi propósito al estar allí: aprender a estar sola y a disfrutar de mi única compañía, demostrándome así que no necesitaba a nadie para deleitarme con todo aquello que me gustaba hacer.

Llevaba conmigo mi libretita con mis apuntes, que me puse a leer allí mismo para acallar la vocecita que me invitaba a salir corriendo de aquel lugar. La velada continuó y me pedí mis dos platos favoritos: ensalada de la casa (tamaño grande) y un salmón salvaje con salsa de pesto que estaba que te mueres. Decidí acompañarlo con un buen vino y, de postre, me pedí un volcán de chocolate (una especie de *brownie* con helado de chocolate).

Me encantaba esa terraza porque siempre había música en directo y el ambiente era supertranquilo. Y esa noche no iba a ser menos. Apareció ella, «la mujer maravilla», así la llamaba yo. Era la cantante del grupo y tenía una voz de ángel que enamoraba a cualquiera que la escuchase. Una mujer de piel oscura con una silueta de escándalo que siempre lucía elegante y sonriente. Cuando apareció cantando, el vello se me erizó y sentí una especie de paz al cruzar mi mirada con alguien «conocido».

Había estado muchas veces en esa terraza, pero jamás me había permitido el lujo de escucharla cantar con todos mis sentidos. Estaba siempre tan entretenida escuchando lo que mis amigos tenían que contar o hablando con mi expareja, siempre rodeada de ruido que me impedía oír la melodiosa voz de ese ángel. Así que, cuando apareció, supe que sería una noche especial, supe que al fin iba a oírla cantar y me lo gozaría.

Y así fue. Estuvo cantando durante casi dos horas y media. Yo era la única que la miraba, le sonreía y aplaudía cada final de canción como si no hubiese un mañana. Ella me respondía con un «gracias» que yo leía en sus labios y volvía a cantar con sus ojos iluminados. Hubo varias canciones que incluso me dedicó porque, efectivamente, era la única que estaba mirándola y escuchándola.

Una vez más, me di cuenta de cuántas cosas hermosas suceden a nuestro alrededor, pero a menudo no somos capaces de verlas o sentirlas por estar envueltos en el ruido externo o en el propio, en nuestro caos interno. ¡Cuántos momentos únicos habremos dejado pasar por alto por estar centrados en entretenimientos vanos sin nada bueno que aportar!

En ese momento, la vida volvió a decirme: «**No te he dado ojos para que veas, te he dado ojos para que mires**». Y es que, cuando miramos, cuando nos paramos a observar y dejamos de lado nuestras distracciones, prejuicios y temores, pareciera que el mundo se frenara para mostrarnos lo maravilloso que puede llegar a ser con solo eso, con dignarnos a observar.

Regresé a mi piso con una sensación de felicidad plena que nunca había experimentado. Recuerdo subirme en el taxi tarareando la última canción que había oído de «la mujer maravilla», con una sonrisa boba en mi cara que no era capaz de disimular. El taxista me preguntó: «¿Ha tenido una buena noche?». Para qué me preguntó nada... De repente, empecé a contarle mi vida entera hasta llegar a mi momento de «cena romántica» y explicarle lo que había hecho esa noche y por qué.

Él me miraba y sonreía en todo momento, incluso en algunos momentos acompañaba mi relato con alguna que otra carcajada, quizás por mi forma de contarlo tan emocionada, como si hubiese hecho un descubrimiento importante..., aunque lo cierto es que sí, para mí así lo era. El taxista me despidió muy amablemente y, antes de irse, me dijo: «Le contaré esta historia a mi hija, a ver si aprende a estar sola y consigo que sonría tanto como tú».

Grabé esa frase en mi corazón. Aquel hombre se llevó esa noche el testimonio de un momento distinto, de un momento para recordar. Se llevó la experiencia de una joven loca, inquieta e impulsiva quien le soltó sin ton ni son la historia de su vida: un cuento que no terminaría ahí, pues mi motivación por mejorar, crecer y evolucionar no hizo más que empezar aquella noche.

Me metí en la cama emocionada y escribí todo lo bonito que había ocurrido esa noche, cada detalle, todas las sensaciones que me habían recorrido en esa mágica velada, cuando por primera vez en mi vida me había gastado 55 euros en una cena para mí sin que me doliese en absoluto.

A partir de aquella velada mágica, me prometí una cena romántica conmigo misma siempre que la vida me lo permitiese. Mis planes ya no eran ahorrar para una noche de «fiesta y desfase»... Mis planes eran ahorrar para disfrutar de mis noches de cine, de mis libros y de mis veladas románticas, con zapatos de aguja, vestidos de infarto y escritos cargados de anécdotas bajo la luz de la luna.

¡Bonita, no compres la película de que el amor idóneo existe, pues solo ocurre en las películas y en las historias de Instagram!

Tranquila, no estás loca, tu vida no es una mierda ni eres menos que los demás.

Quizás nos contaron el cuento al revés haciéndonos creer que estamos incompletas, que debemos esperar a que nos salven, que necesitamos de alguien para construir nuestro propio castillo y que sufrir por ello es inevitable.

Quizás se ahorraron la parte donde el príncipe azul es quien espera, quien desespera y quien se aferra a la idea de encontrarla, sin saber que la princesa decidió quemar su castillo, soltarse la melena y montarse una orgía con medio reinado...

Porque quizás el cuento no acaba con sonidos de campanas, sino con gritos de orgasmos, vestidos rotos y en compañía del único amor verdadero: ¡su amor propio!

Corina Randazzo
Texto escrito el 03/03/2020

07/02/2020

Estas fueron las palabras que compartí en mis redes sociales antes de empezar uno de mis viajes a sola:

Hoy hago la maleta para perderme unos días en compañía de mí misma. Es el primer viaje que hago sola en este año 2020, pero lo cierto es que dudo que sea el último. Cada vez son más mis ganas de salir y experimentar el mundo junto a mí, sin esperar a nadie, sin horarios, sin compromisos, sin entretenimientos. En este viaje, no sé si acabaré perdiéndome por mi mala cabeza, conociendo a personas nuevas, haciendo caminatas interminables en busca de lugares nuevos, teniendo una cita elegante con mi mejor traje o haciendo un tour por las mejores playas, donde podré tirarme en la arena caliente sin pensar en nada… Lo bueno de viajar sola es que todos tus sentidos vibran contigo esperando a que surja lo que la vida te depare. Me voy sin mapa, sin nada más que tres bikinis y tres mudas de ropa… Ah…, y con la compañía de mi lápiz y mi libreta para poder seguir dando forma a mi libro…

Corina Randazzo

Hace un tiempo, me propuse regalarme al menos un viaje al año conmigo misma y tomármelo como prioridad ante cualquier responsabilidad. Fueron muchas veces las que pasé por alto la intención de dedicarme tiempo, con la excusa de tener siempre que trabajar y de no encontrar nunca el momento preciso. Fue por ello que un día decidí apuntarlo en mi lista de prioridades y tacharlo de mi lista de deseos. Estaba dispuesta a cumplir con mi propósito fuese como fuese. ¡Ya estaba bien de dejarme siempre para lo último!

Mi primer viaje sola

Ha llegado el momento de concluir el inicio de este libro…

No me encontraba en mi mejor momento y estaba a tan solo unas semanas de emprender mi viaje conmigo misma. Nada grave, pero, sin duda, estaba en una situación incómoda que perturbaba mi estabilidad emocional (más adelante sabrás por qué).

Mi madre siempre me dijo que las decisiones importantes no se pueden tomar a la ligera y que uno nunca debe tomar decisiones en estados de euforia, enfado o tristeza. Las decisiones importantes deben meditarse y llevarse a cabo en un estado de armonía y tranquilidad para poder tomarlas con seguridad, coherencia y determinación. Solo así, si terminas una relación, dejas un trabajo, sueltas un apego o te enfrentas a cualquier cambio fuerte, lo harás sin dar marcha atrás, estando segura tu decisión y con el alma en calma, pues lo decidiste en tu estado más consciente.

¿Por qué la mayoría de las personas se arrepienten de sus decisiones? A menudo, esto ocurre cuando toman decisiones en momentos de emoción extrema, ya sea en su mejor momento de euforia o en su peor momento de frustración. En estos picos emocionales pueden creer erróneamente que el sentimiento será permanente, sin tener en cuenta lo efímero de esos estados extremos. Esto puede llevar a elecciones equivocadas o ignorar los verdaderos sentimientos y necesidades.

Responder ante asuntos importantes y decidir desde el enfado o desde la extrema felicidad debería estar prohibido y es algo en lo que todos deberíamos trabajar.

Personalmente me llevó un buen tiempo trabajar en implementar este gran consejo, pero, poco a poco, fui siendo consciente de ello y os doy mi palabra de que hacer este pequeño gran cambio le dio un giro a mi vida.

¡Dilo en voz alta y grábatelo en la cabeza! «Jamás tomaré decisiones importantes en estados de tristeza, cabreo o euforia, pues no seré yo quien responda, sino mi "falso yo", mi ego engrandecido».

Corina Randazzo

Volviendo a la historia y siendo fiel al consejo de mi madre, sabía que no estaba en mis cabales como para tomar tal decisión, así que decidí hacer las maletas y perderme sola por unos días. Me fui a Las Palmas de Gran Canaria (sí, es el mismo viaje en el que empecé a escribir este libro). Mi cuerpo me pedía buen tiempo, sol y mar, por lo que me pareció la mejor opción.

Me largué sin avisar a nadie, dando prioridad a mi salud mental. Me fui siendo consciente de que ese viaje marcaría un antes y un después, ya que mi decisión pendiente podía modificar el rumbo de mi vida por completo. En ese momento, mi temor no era que mi vida cambiase de rumbo, ya me había enfrentado a muchos cambios drásticos en los últimos años y parecía haberme acostumbrado. Mi temor era tomar la decisión equivocada. Fue por ese motivo por el que decidí escaparme para reencontrarme con mi calma, mirar hacia dentro y dejar que el corazón decidiera de la mano de la razón y la conciencia. No sabía en qué momento ni cómo, solo sabía que la respuesta llegaría y que no tenía que presionar ni adelantarme a nada, solo dejarme llevar por lo que el destino me deparaba…

Desconocidos en el avión

Recuerdo que mi estado de ánimo cambió por completo apenas me subí a ese avión. De repente, la vocecita que no conseguí acallar durante las semanas previas empezó a perder fuerza y pareció calmarse por momentos, como si mi alma estuviese pidiendo a gritos evadirme y detectase que era el momento de relajarse.

Recuerdo que se sentaron dos chicos jóvenes a mi lado. Uno de ellos era un «chico serio» y el otro un «ser despierto», lo supe apenas lo vi y no me equivoqué. (Me gusta llamar así a quienes detecto que llevan un «aura» consigo incapaz de pasar desapercibida. Esas personas «bombilla» que iluminan por donde pasan dejando un destello de luz por su paso). El otro joven era de origen indio y se notaba algo serio y retraído. El joven «despierto» llevaba consigo un libro de desarrollo personal y el joven «serio» llevaba su portátil donde podía ver un montón de números y formas extrañas que no conseguía entender ni identificar.

Yo, como siempre, iba con mis cascos puestos (pero sin música). Los uso para que nadie me moleste y, a la vez, poder estar atenta a todo. Me había tocado el asiento pegado a la ventana y pensé: «Siempre me toca la ventana cuando viajo de noche y no veo nada, pero no pasa nada, aprovecharé para concentrarme en mi lectura».

A los pocos minutos, no sé en qué momento ni cómo, estos dos jóvenes desconocidos empezaron a hablar sobre la situación laboral por la que estaba pasando cada uno. Y yo, efectivamente, estaba enterándome de todo. Recuerdo que el muchacho «serio» decía no estar conforme con su empleo ni con su sueldo ni con el estilo de vida que estaba llevando. Se quejaba de su situación, culpando a la sociedad por hacerle creer que estudiar una carrera y sacar buenas notas lo llevaría a tener una mejor situación económica. Resulta que el muchacho se había independizado de casa de sus padres hacía apenas dos años y, por primera vez en la vida, se enfrentaba a la triste realidad: compartir piso, hacerte tú la cama y la comida, pagar alquiler, luz, agua, gas, internet. Decía pasar ocho horas al día trabajando y no tener tiempo para nada más. Decía que no le gustaba compartir piso y que su sueldo era bajo para todos los años de carrera que había estudiado. Realmente lo decía con rabia y decepción, podía verse en su mirada. Y, por momentos, sus ojos parecían enfurecer-se, llegando a subir el tono de voz en más de una ocasión.

El joven «despierto» no decía nada, pues no quería interrumpir la historia del muchacho y, por intuición, diría que estaba dejando que el chaval se desahogase un poco. Sin embargo, cuando el joven «serio» terminó de hablar, o por lo menos se calló, él empezó a contarle su historia en un tono relajado y hablando de forma pausada.

—¿Sabes por qué estoy aquí? —le dijo

El joven «serio» hizo señal con la cabeza de que no.

—Hoy estoy aquí de regreso a casa de mis padres. Tengo treinta años y acabo de dejar mi trabajo porque no me hacía feliz. Al contrario que tú, mi sueldo sí era bueno y mi situación económica me permitía vivir bien, pero ¿sabes qué? No era feliz.

El muchacho «serio» se acomodó nuevamente en su asiento como en señal de que no entendía lo que su compañero intentaba decirle.

Y le soltó:

—Pero ¿y tu carrera? ¿Y todos los años de estudio?

Joven «despierto»:

—Estudié una carrera que nunca llegué a ejercer y mis trabajos no los conseguí por mis títulos, sino por mi creatividad y actitud ante la vida, que es lo que a ti te falta. —Y prosiguió—: No sé cuáles son tus creencias ni cuál es tu cultura, solo sé que la vida funciona igual para todos, independientemente de dónde vengamos y cuál sea nuestra raza o cultura. En la vida no priman los títulos que puedas alcanzar ni las notas que puedas sacar. En la vida prima tu capacidad de decir que no a lo que no te hace feliz y saber decir que sí a aquello que te aterra. Solo así serás capaz de crecer y madurar.

»Acabas de salir del nido y esperas una vida idílica que no existe y que te tienes que ganar. ¡No temas jamás a decir que «no»! Acabo de dejar mi trabajo y regreso a casa de mis padres, no para quedarme, sino para recobrar fuerzas con los míos, poner el foco en mis propios proyectos y volver a abrir las alas al nuevo destino que me espera.

»Quién sabe si sale bien, si me hago rico o si acabo regresando nuevamente con mamá y papá. Eso no importa. Sea como sea, lo único que sí importa es que estoy dispuesto a hacer y rehacer lo que sea necesario para ser fiel a lo que siento y a lo que soy.

El muchacho «serio» dejó de estar serio por momentos y su estado pasó a ser más de sorpresa. Estaba claro que no esperaba una respuesta así y no sabía muy bien qué decir. Recuerdo que en mi cabeza solo oía resonar la palabra: «Pero, pero, pero, pero…». El muchacho «serio» no entendía nada de lo que el joven «despierto» intentaba decirle.

Sus creencias de que merecía una vida mejor solo por haber estudiado estaban tan arraigadas que difícilmente saldría de ese bucle mental en el que estaba metido. Pasados unos minutos, viendo que el joven «serio» no salía de su negatividad y desdicha, el joven «despierto» (con el que ya había cruzado la mirada en varias ocasiones durante su charla) me dijo:

—No sé cómo te llamas, pero seguro que tienes algo que decir, ayúdame a que lo entienda…

Y yo, que no me puedo callar nada y mi sinceridad es a veces desorbitada, respondí:

—No os voy a mentir, estos cascos no llevan música y he escuchado vuestra conversación desde el principio… Yo misma me encuentro en un vuelo rumbo a la aventura con el único objetivo de reencontrarme con mi yo más sincero. Viajo sola y me he ido sin avisar. Tampoco me gano la vida con aquello que he estudiado. En los últimos tres años me he mudado cinco veces de piso y por segunda vez de país y habré dejado más de 25 empleos en lo que llevo de vida. Hace tres años solo me quedaban 400 euros en la cuenta y a día de hoy tengo mi propia empresa y busco comprar una casa.

»La vida no es A o B, negro o blanco, la vida tiene multitud de formas, colores y señales, solo tienes que ser capaz de verlas, enfrentarte a ellas y vivir sin temor al cambio. Ojalá todo fuese como nos contaron en los cuentos de Disney, pero nada de lo que nos han contado es cierto y seguir los pasos de la mayoría te hace débil y pobre de mente. Porque la vida es un puto tobogán al que hay que subirse dispuesto a que el rumbo cambie sin ni siquiera avisar. Y, créeme, si no esperas recibir golpes durante el camino, estás muy jodido.

La conversación prosiguió durante las tres horas de vuelo, aunque solo con el joven despierto, ya que el otro muchacho no resignaba de su cuadriculada forma de pensar y decidió ponerse los cascos para «dejar de escuchar».

En esta vida hay dos clases de personas: las que deciden enfrentarse a sus miedos, salir de su caparazón, cuestionarse hasta sus propias creencias, aprender de sus experiencias, buscar su evolución, escuchar y aprender sin límites ni prejuicios; y quienes deciden esconderse, vivir acobardados, lamentarse por todo lo que les pasa, culpando al mundo de su triste desdicha y victimizándose de todo aquello que les ocurra. Existen personas despiertas y personas dormidas.

Corina Randazzo

Llegada a mi destino

Eran como las doce de la noche cuando llegué a mi apartamento. Me recibió un muchacho joven que, apenas me vio, me agradeció por haberle avisado de mi retraso al tomar el taxi, me dijo: «Gracias por avisar, son pocos quienes se molestan en hacerlo y la mayoría de las veces me quedo aquí esperando horas y horas hasta que aparecen».

Me recibió con una energía agradable, explicándome todo al detalle, de una forma muy amable. Además, pese a que era muy tarde y su cara era de agotamiento, lo hizo con buena gana y con una sonrisa. Le respondí de la misma forma. Le agradecí su cercanía y le regalé un chocolate que traía como agradecimiento.

Esa noche me metí en la cama y al fin dormí sin que la vocecita me hablase. Mis últimas semanas habían sido regulares y llevaba varias noches durmiendo muy mal. Creo que fui consciente de ello cuando al día siguiente desperté sin alarma y me di cuenta de que había dormido como diez horas seguidas y tan profundamente que amanecí sin saber dónde estaba.

Abrí la ventana y lo entendí todo. Recordé dónde estaba y por qué estaba allí. Tomé la toalla, metí algo de comer en el bolso, me puse el bikini y me fui directa a la playa. El mar solo me quedaba a 300 metros, así que llegué enseguida. No había nadie, tenía la playa entera para mí. Fue pisar la arena y sonreír. Juro haber pasado todo ese viaje sin poder dejar de sonreír y, aun cuando lo recuerdo mientras escribo esta historia, no dejo de hacerlo.

Pasé el día entero tirada en la playa. Me relajé tanto que hasta me dormí una siesta bastante larga. Cuando desperté, recuerdo haberme preguntado: «¿Cuándo fue la última vez que dormiste siesta?» y ni siquiera lo recordaba. Estaba tan bien, tan a gusto, que ni siquiera tenía apetito.

¿Sabes esa sensación que se tiene cuando uno está enamorado?, ¿cuando parece que no necesitas nada de repente y que todo está bien, pese a que siga igual que siempre? ¿Esa sensación de felicidad plena y de cero carencias? Pues así me sentía yo en ese preciso momento. Y ¿sabes qué fue lo mejor de todo? Que mantuve esta sensación durante todo el viaje.

Cuando el sol comenzó a ocultarse, decidí coger mis cosas e irme al piso a ducharme. Te prometo que me sentía la mujer más rica del mundo mientras tomaba esa ducha caliente y notaba cómo caía la arena y el agua sobre mí.

Para mí, uno de los mejores placeres de la vida es pisar la arena, tomar el sol y luego poder darme una rica ducha de agua caliente cuando parece que la noche refresca, ponerme la crema hidratante con la sensación de la piel quemada y meterme dentro de un pijama limpio y suave. Cada noche, durante ese viaje, hacía el mismo ritual y cerraba mis noches sentada en la terraza de aquel piso, viendo la luna brillar y escuchando el silencio en su total plenitud.

Tuve la grandísima suerte de poder viajar en temporada baja y en la urbanización en la que estaba apenas había gente. La poca que había eran abueletes extranjeros que no podían ser más silenciosos y encantadores.

Ese viaje no me enseñó nada nuevo, sencillamente me recordó todo lo que estaba perdiéndome y todo lo que estaba pasando por alto por centrarme solo en las tareas y responsabilidades que suelo imponerme. **Ese viaje me recordó que la felicidad reside en lo sencillo, en lo cotidiano, en lo que tenemos cerca y jamás valoramos.** Porque a veces, para poder oírnos, tan solo tenemos que alejarnos del ruido y permitirnos mirar hacia dentro, dar espacio al silencio, a la soledad, al estar con nosotras mismas con la única compañía de nuestros verdaderos sentimientos.

Tardé muchos meses en permitirme esos días y, cuando regresé, me prometí que jamás esperaría a estar «mal» para regalarme esos ratos conmigo.

Os podría contar muchas historias y anécdotas de ese viaje, pues me pasaron cosas maravillosas… Pues te diré que durante esos cinco días me dediqué a pasear por todas las playas (kilómetros y kilómetros a pie de la orilla del mar, con mis chanclas en la mano y mis cascos puestos sin saber a dónde llegaría). Me encanta la sensación de no pensar en nada y sencillamente estar presente y observar. Es una sensación que no siempre se consigue e incluso hay quienes mueren sin haberla sentido. Pero, cuando la saboreas, cuando eres capaz de alcanzarla, se convierte en el mejor momento de tu vida.

No fueron más que cinco días los que me dediqué en ese viaje de conexión interior. Cinco días que fueron agua bendita para mi ser y arrojaron luz a mis constantes dudas e indecisiones por no saber bien qué camino tomar y qué era exactamente eso que me producía tanta sensación de vacío e intranquilidad. Miento, sabía lo que me dolía y lo que me producía tal inestabilidad. En el fondo, siempre lo sabemos todas, todos y todes. Otra cosa es no querer verlo o estar tan envueltos en ruido e incoherencias que parecen nublar nuestra vista. Sin duda, mi caso era el segundo.

Recuerdo preguntarme a mí misma: «Pero ¿por qué te sientes así, Corina, si tienes todo para ser feliz? ¿De dónde te viene esa sensación de insatisfacción y tristeza?». No fueron preguntas fáciles de responder. Ni siquiera son preguntas fáciles de formular. Mucho menos cuando se trata de ti y para ti.

Suele sernos muy fácil identificar tanto los problemas de otros como las soluciones que vemos desde fuera y parecen óptimas, pero, cuando se trata de nosotras mismas, de nuestros propios conflictos internos, parece que la cosa se complica bastante. Existen tantas conexiones emocionales cuando se trata de historias propias que es difícil discernir lo que te conviene y hacer frente a todo ese torbellino de emociones contradictorias que están vivas en nuestro ser.

Sea como sea, ese fue el principal motivo de mi viaje, poder identificar qué me ocurría para saber qué hacer al respecto. Y sí, es cierto que viéndolo desde fuera no parecía que existiera motivo para «estar mal»: disponía de un buen trabajo, estaba ejecutando proyectos ambiciosos, gozaba de juventud, salud, dinero, familia... ¿Cuál era el problema entonces?

En ese momento, llevaba más de tres años en mi relación de pareja, precedidos por más de diez años de amistad y una profunda admiración, agradecimiento y amor por quien es (y sigue siendo) esa persona para mí. Convivíamos desde el inicio de la relación y mis años junto a él fueron los de mayor crecimiento y aprendizaje que había vivido hasta entonces. Lo nuestro no era una «relación convencional», sino todo lo contrario. Junto a él rompí con todo patrón, apego y estereotipo de creencias establecidas, instaladas en el inconsciente sobre cómo «debe ser» una relación de pareja. Nuestra relación se alejaba de todo lo que hoy en día entendemos como «relación». Con él aprendí a ser soberana y autónoma en mi vida, en mi salud, en mi energía y en mi bienestar. Con él aprendí el verdadero significado de vivir las relaciones en estado de amor y libertad.

Para resumir mucho la situación y no abrir un melón, cuya narración podría llevarme una saga completa (quizás en otro libro), el motivo de mi viaje era decidir qué quería hacer con mi relación, cómo iba a afrontar esa inminente «ruptura» que llevaba mucho tiempo rondando en mi cabeza, bajar la ansiedad y responder a preguntas como «¿Qué sería de mi vida sin ese compañero, maestro y mentor a quien seguía amando?». Sí, seguía amando, pero desde una conciencia mayor. Mi amor hacía él ya no implicaba elegirlo como compañero de viaje, sino vivirlo como maestro de mis memorias al narrar y recordar algunos de mis mayores aprendizajes de vida junto a él.

Uno de los mayores aprendizajes que me regaló esta increíble historia de amor fue entender que las personas aparecen en nuestra vida para enseñarnos lo que nos corresponde aprender y, una vez que ese aprendizaje concluye, corresponde dejarlas ir. Solo así seguiremos aprendiendo, solo así nos abriremos a crear nuevos vínculos con nuevas personas que llegan para seguir enseñándonos todo aquello que aún debemos sanar, desaprender, reconstruir y reinventar para nuestro propio crecimiento personal.

Después de mucho tiempo, muchas idas y venidas, lo que la vida me enseñó, o al menos lo que yo aprendí con la vida, es que **la plenitud interior poco tiene que ver con el bienestar material, con aquello tangible, con lo que podemos materializar, palpar, conseguir o tener.** Entendí que ese estado de calma mental, que al fin y al cabo es lo que para mí representa el éxito, el bienestar y la felicidad, ocurre y se da cuando me comprendo y vivo en coherencia con quien soy, con lo que quiero y con lo que hago.

Esto ya lo he explicado en anteriores capítulos y no quiero darte la vara hablando de lo mismo, pero ¡es tan potente entender esto! Al menos así lo fue para mí. Entender, integrar y vivir con base en esta secuencia: **ser – hacer – tener.**

Esta breve historia con la que decidí iniciar la introducción de este libro y con la que lo concluyo no fue solo un primer viaje conmigo misma. No solo rompí con el miedo de hacer algo diferente y tampoco fue solamente por darme a la tarea de seguir tachando «retos por cumplir» de mi maravillosa lista de deseos. Este viaje trajo consigo una conjunción de eventos: la clara decisión de romper con mi expareja, el impulso de iniciar el primer capítulo de este libro y el enorme poder y reconocimiento de mí misma, de lo que siento merecer, del camino que deseo construir y del valor absoluto por quien soy y quiero llegar a ser. Este viaje significó comenzar a construir un largo e interminable camino llamado «una vida con propósito». Cagada de miedo, pero con propósito.

Recuerda que, cada vez que decidas viajar sola y conectar con tu verdad, regresarás siendo otra. Una versión más madura, honesta y segura de quien eres hoy y quien pasaría a ser «tu antigua yo». Recuerda que en cada vuelo que emprendas, tomada de la mano contigo misma, vivirás una transformación profunda. En ese asiento viajará de ida una persona y volverá de regreso otra. Porque **no viajamos para conocer mundo, viajamos para conocernos a nosotras mismas a través de él**. Por eso, viaja siempre, viaja siempre, ¡viaja siempre! y permanecerás en un constante descubrimiento de tu maravilloso mundo interior.

Cuando te conviertes en tu mejor amiga, el mundo parece transformarse. Todo sigue igual, pero tú has cambiado y eso hace que, en tu mundo, todo se vea distinto.
No fue fácil priorizarme, no fue fácil ocupar mi lugar ni mucho menos enfrentarme a todo aquello que me daba terror. Tampoco lo fue decidir estar

«sola», darme el permiso de volver a reconectar con la niña interior que todos llevamos dentro y demostrarme que puedo hacer todo aquello que de verdad me gusta, sin depender de nada ni de nadie.

Jamás diré que fue, es ni será sencillo. Pero sí puedo decir que convertirme en mi mejor aliada, cultivar mi amor propio y priorizar mis necesidades antes que las de cualquier otro ha sido y será siempre **la mejor decisión de mi vida.** ♡

Corina Randazzo

En resumen:

- **Estar «sola» o, mejor dicho, estar contigo misma es la herramienta de autoconocimiento más poderosa que existe.** No hay atajos. No podrás conseguir los cambios que tanto buscas si no pasas por este proceso. Si realmente buscas un crecimiento personal, si realmente estás dispuesta a encontrar las respuestas a estas grandes preguntas, «¿Quién soy?» y «¿Qué quiero?», no te queda más remedio, amiga mía. ¡Tendrás que aprender a pasar más tiempo contigo! Sin más. Sin nadie más.

- **Estar «sola» (o contigo) implica tener que tomar decisiones constantes basadas única y exclusivamente en tus deseos, gustos, prioridades y emociones** de ese preciso instante. Cuando estás sola, no tienes más remedio que elegir sin tener en cuenta la opinión de los demás ni la influencia del entorno. ¿Dónde me apetece comer hoy? ¿A qué hora? ¿Salón o terraza? ¿Carne o pescado? ¿Bebo agua o vino? ¿Postre? ¿Tengo prisa o voy con calma? ¿Disfruto del momento o mis pensamientos me llevan a otra parte? ¿Qué quiero? ¿Qué necesito? ¿Qué me ayudaría a ser y sentirme mejor hoy? Todo son decisiones constantes que emanan de tu más puro ser. ¿Qué mejor forma de conocerte?

- **Escribe tus promesas.** ¿Qué cosas te gusta hacer? Haz tu lista y empieza a tacharlas. ¿La única condición? Que prepares la cita como si estuvieras disfrutando el viaje, la cena o las palomitas con el mismísimo Brad Pitt a tu vera. Pero, en este caso, la compañía será aún mejor. ¡Nadie mejor que con... tigo!

- Insisto en esta enseñanza de mi querida madre: «**No tomar decisiones importantes en estados de tristeza, cabreo y euforia**». Los momentos a solas nos permiten crear espacios de escucha, diálogo y reflexión con nosotras mismas que, a su vez, abren un espacio de conexión con nuestro verdadero ser, a través del cual obtenemos más claridad, identificamos nuestras emociones (de dónde vienen) y tomamos decisiones coherentes y alineadas con nuestro propósito. Y, por supuesto, tomar mejores decisiones, o al menos las correctas (esas que nos enseñan a priorizar lo que una sabe que le conviene frente a deseos y emociones impermanentes).

- **Viajar sola** fue, en mi experiencia personal, un redescubrimiento, una herramienta que sigo usando no solo para equilibrar mi energía, para recargar mi pila de «amor propio» y ratitos conmigo, sino para tomar grandes decisiones. En ese gran primer viaje decidí seguir mi propio camino teniendo claro quién soy y qué quiero, disfrutando del proceso y viviendo con propósito.

La historia que te comparto a continuación representa mi «yo de ahora», mi transformación personal, mi versión más evolucionada, el resultado de mi trabajo de empoderamiento y la materialización de mi merecimiento... La gestación del amor más puro que he creado en mis casi 33 años de vida, la cual seguiré cultivando y expandiendo durante al menos toda mi vida terrenal. Con ella me despido con un «hasta pronto».

Que este legado quede en manos del universo y de quienes sientan vibrar y expandir estas enseñanzas de vida.

Gracias por permitirme ser y permitirme ser contigo.

Corina Randazzo

Capítulo 23.
MI HISTORIA DE AMOR.
Un año después de haber iniciado
la aventura de escribir este libro

15/10/24 mi diario (transcrito tal cual lo escribí en mi diario con puntos y comas)

Hoy he tenido una cita. Ya son muchas citas con la misma persona.

Al principio no le hacía mucho caso, ni a él ni a ninguna persona del sexo opuesto. Quizás porque me sentía y, aún me sigo sintiendo, en otro momento. En mi momento, diría yo.

Por primera vez en mis 32 años de vida, me encuentro en mi plenitud. Una sensación extraña y difícil de expresar con palabras... Por primera vez me siento libre de verdad. Libre de dolor, de pensamientos negativos, de preocupaciones... Por primera vez, la vida no se basa en «amores», «duelos», «control» o buscar mil y una formas distintas de «sanar heridas» del pasado, sino en todo lo contrario. Por primera, vez me siento fuerte, con una profunda confianza en el universo y en el destino que la vida me ponga por delante.

Por primera vez, siento estar fluyendo con lo que la vida me indica, sin necesidad de preocuparme por lo que puede o no ocurrir. Por primera vez, siento estar soltando el control real de las cosas, incluida la vida de quienes quiero. Donde la Corina de antes intervenía en los procesos de los demás queriendo que estos cambiasen de forma porque así creía que sería una mejor vida para ellos, cuando lejos de ayudarles solo producía brechas, confusiones y distanciamientos entre nosotros... En fin, quería escribir sobre mi cita y me he vuelto a ir por las ramas...

Ya son bastantes veces las que quedamos. Lo veo, nos besamos, nos abrazamos y nos tratamos como una pareja de quinceañeros enamorados. Aunque ninguno lo estamos. Pero imagino que esperamos estarlo algún día. Al menos así lo siento yo ahora mismo. Mañana puede que no. Pero, hoy por hoy, así lo siento y con eso me basta.

No sé si es que mi forma de percibir el amor ha cambiado... No sé si son las malas experiencias o la cantidad de dolor transitado lo que me ronda la cabeza y por el motivo que hoy estoy intentando darle forma en papel. O es que sencillamente esto de hacerse adulta, madurar y sanar también va de la mano con entender y vivir el amor desde otro punto de partida. Uno diferente, donde una no se enamora, sino que decide enamorarse de la persona que cree adecuada...

No sé, a veces es confuso. ¿Siento amor o me siento muy amada por él? ¿Y si me siento muy amada por él, pero no siento ese amor que en el fondo deseo sentir? Entonces, ¿qué debo hacer? ¿Pasar página sin ni siquiera darme la oportunidad de quizás enamorarme? ¿Aceptar que ese «amor deseado» solo es fruto de la fantasía o el «enamoramiento» vivido en esa tan dulce y añorada adolescencia?

Hoy me repito lo que decidí empezar a repetirme hace poco más de un mes. Y básicamente consiste en un mantra creado por mi intuición que dice: «**Me abro a vivir lo que el universo me presente desde el amor y el reconocimiento de quien soy**».

Cada día me lo repito. Muchas veces. Y hoy haré lo mismo. No seré yo quien decida lo que pase entre nosotros. Sencillamente, dejaré que la vida me indique cuál es el camino. Me dejaré llevar por lo que la intuición dicte y el alma hable. Me dejaré querer y cuidar, me abriré a recibir todo el amor que quiera ofrecerme y permitiré que mi niña interior se alimente de todos esos momentos, halagos, mimos y atención sin enjuiciar, sin adelantarme a nada, sin expectativa, sin controlar… Tan solo fluyendo, sintiendo, expandiendo y escuchando lo que la vida me esté queriendo decir, abierta a lo que el universo me quiera enseñar.

* * *

Hoy, 23 de mayo del 2024, siete meses, 218 días y 5.232 horas después del anterior escrito, me abro para compartir contigo cómo evolucionó esta transformadora historia de amor. Me encantaría poder contarte experiencias fantásticas, citas románticas o sorpresas de ensueño, esas que quizás equivocadamente viven en nuestro inconsciente y nos hacen idealizar estos momentos. Pero no, te diré que no pasó nada de eso. No hubo romanticismo, no hubo regalos, ni cartas, ni flores… Tampoco hubo torbellino de emociones, mariposas ni fuegos artificiales. No hubo nervios antes de cada cita ni la preocupación inconsciente de intentar «verme perfecta» para camuflar mis antiguas inseguridades. No hubo inseguridades. Ya no había rastro de esa Corina…

Y dirás, pero ¿qué hubo entonces? Hubo una tremenda calma que difícilmente soy capaz de expresar en palabras. Hubo conexión, escucha, desaceleración, pausa, silencio, paz... Recuerdo estar sentada frente a él en un pequeño bar de un parque que hay cerca de mi casa. Ambos tomábamos un Aquarius (él de naranja y yo de limón) mientras charlábamos de la vida. Yo le hacía preguntas sobre su infancia. Tenía curiosidad por saber cómo había sido su crianza. Él se expresaba con mucha soltura, dejando espacio a los detalles de su historia. Me gusta que siempre cuente los detalles y me gusta la calma y las pausas con las que explica las historias. A veces se va mucho por las ramas y se extiende demasiado para una cabeza como la mía, a la que le resulta difícil estar atenta a algo durante mucho tiempo..., pero, claro, en ese momento aún no lo sabía. No sabía cómo era él ni que acabaría enamorándome de sus detalles.

Recuerdo que lo observaba mientras hablaba. Lo hacía con mucha atención. Observaba el brillo en sus ojos; sus manos al gesticular, que se movían muy lentas y muy poco; su postura corporal, siempre erguida y serena; sus uñas limpias y con una forma muy bonita... Recuerdo decirle: «Me gustan tus uñas». Él se rio y contestó: «Nunca me habían dicho nada sobre mis uñas». A lo que respondí: «Quizás nadie te ha observado lo suficiente».

Siempre he sido muy observadora. Me gusta fijarme en los detalles. Intentar traducir lo que me transmite una mirada, una mueca o, sencillamente, percibir la energía de esa persona, ver cómo me hace sentir a su lado.

En esa cita con él. En ese banco. Justo sentado enfrente de mí. Ocurrieron dos cosas que llamaron mi atención. La primera fue reconocer su seguridad. Lo sentía tranquilo y seguro en todo momento y en todas las conversaciones.

Y créeme que soy una persona que ama profundizar en asuntos con tendencia a ser «incómodos» o «difíciles» para la mayoría. Aun así, aun habiendo abierto cajas de Pandora con temas muy íntimos y profundos, su energía seguía siendo la misma. Había calma en él, en sus palabras, en su postura, en sus pausas. No hubo incomodidad, temas prohibidos o silencios incómodos. Lo que me lleva a la segunda cosa que captó mi atención: los silencios.

Conocer a alguien y hacer frente a los primeros silencios suele resultar incómodo. Hay incluso quienes no permiten que existan silencios o pausas largas en los inicios de una relación, pues la necesidad de invadir el espacio-tiempo con información innecesaria o superficial tiende a apoderarse de ellos y da como resultado mucho ruido, mucha conversación de relleno y poco espacio de conexión.

Con él ocurría lo contrario. Ambos éramos amigos del silencio y las pausas. Hubo muchos momentos de no tener que decir nada. Bastaba con estar presentes y observar, mirarnos en ocasiones y sonreírnos como cómplices, de lo que ambos estábamos experimentando. Cada uno a su manera, pero ahí estábamos, presentes, seguros, siendo nosotros mismos, no forzando, no teniendo que rellenar los espacios, no teniendo que vender quiénes éramos, lo que hacíamos o lo que esperábamos. Una sensación de comodidad y de «hogar» que me hacía estar en calma y en conexión con el momento presente.

Fue en esa cita. En ese banco de madera de ese bar en ese parque cerca de mi casa donde no solo pude ver que él era alguien diferente, sino que pude reconocer que yo era alguien diferente. Que esa calma, esa seguridad, esa paz y esa presencia habitaban también en mí y, solo por eso, era capaz de sentirlas.

Por primera vez en mi vida, resultaba que estaba conociendo a alguien desde un lugar nuevo. Un lugar donde la Corina de antes ya no tenía cabida. Un lugar nuevo donde todas esas sensaciones de insuficiencia, escasez, miedos e inseguridades se habían esfumado. Ya no había en mi cabeza un cuestionario de dudas, una necesidad inconsciente de controlar la situación, ni una mente sobrepensando y analizando todo. Tampoco había espacio para ese *alter ego* que durante tantos años usé como escudo de supervivencia al mundo exterior. No había dudas ni certezas, expectativas ni idealización, tan solo presencia y una tremenda seguridad en mí misma que, por primera vez, alcanzaba a experimentar al conocer a alguien.

Me encantaría decirte que fue amor a primera vista, o incluso que nos enamoramos tras esa cita en ese banco. Pero no, no fue así. Fueron meses en los que nos íbamos viendo cuando podíamos, pues podía olerse a leguas que ambos estábamos en un muy buen momento personal y en un estado profundo de conexión y compromiso con nuestros proyectos.

Después de vivir bastantes años de mi vida en un sube y baja de emociones, envuelta en una depresión silenciosa, después de casi arruinarme por segunda vez, pasar por meses de terapia y hacer mucho, pero que mucho, trabajo personal e indagando en mil maneras de salir de ese estado de sufrimiento… Después de dos años y medio de soltería dedicados por completo a mi proceso de introspección y autodesarrollo, a punto de lanzar mi primer libro y planificando mi siguiente viaje en solitario… Justo en ese momento, en un estado de tremenda plenitud conmigo misma, alineación con mi propósito y conexión con mi identidad…, aparece él.

* * *

Y aquí debo hacer un inciso y retroceder en el tiempo para remontarme a otro momento clave en esta historia de amor antes de continuar... Unos tres años atrás, para ser exactos.

Recuerdo el momento en que Lu (Luana Alfonso, para quien no la conozca), una de mis maestras espirituales, la cual la vida me dio el enorme privilegio de conocer y aprender a su lado, tras haberle contado un resumen de mi historia con los hombres de mi vida, me dijo: «**Corina, ¿tú sabes que la pareja ha representado y representa tu merecimiento?**». Más tarde lo entendí todo...

Fue de la mano de Lu con quien me formé en registros akáshicos y en el árbol transgeneracional (una historia que dejaré para mi segundo libro, pues no quiero abrir más melones por ahora). En esa formación, pude comprender muchas cosas. La más importante, y la que mayor impacto generó en mí, fue darme cuenta de que las personas a las que yo había elegido como parejas durante mis 30 años de vida (mi edad en ese momento) me representaban a mí. Representaban mi merecimiento, representaban qué tanta estima me tenía a mí misma, qué tanto o qué tan poco me quería, qué tan bien o tan mal me trataba, cuánto me cuidaba o, en mi caso, me descuidaba... Y es que pude al fin ver de forma clara que ellos, mis exparejas, representaban cómo me veía yo en esos momentos y por qué les dejé entrar a mi vida ocupando una figura tan importante como lo es la figura de «pareja». **Pues recordemos que el merecimiento no se relaciona con lo que tú crees merecer, sino con lo que sientes que mereces en ese momento.**

Esto me shockeó por completo. Mi mente no estaba preparada para recibir semejante hostia de realidad, pero no sabes lo bien que me vino. Fue tan necesario darme cuenta de que, de una forma inconsciente, lo que yo atraía era un reflejo de mí misma… Atraía y permitía entrar a mi vida a personas narcisistas a causa de mi profunda sensación de inseguridad y mi programa activo de insuficiencia. Permitía entrar a personas que no me cuidaban porque yo tampoco cuidaba de mí. Permitía entrar a personas poco comprometidas porque yo no tenía compromiso con mis propias metas y objetivos.

Permitía entrar a personas emocionalmente inestables e insanas porque yo también lo era conmigo misma. Si a esto le sumamos mis «traumas» de adolescencia y los programas inconscientes heredados de mi clan familiar (información que todos heredamos de nuestros clanes), pues te puedes imaginar el perfil de hombre que hubo en mi vida y el poco amor propio y reconocimiento que habitaba en mí.

¿Qué cambió a partir de entonces? Todo. Cambió todo. No exagero.

A veces ocurren cosas en la vida que te generan tal impacto que sientes haber cambiado tu vida por completo. Puede ser un libro, una película que te despierta algo, un viaje, una experiencia sobrenatural o, sencillamente, una conversación con alguien lo que hace que un día de repente se te ilumine la bombilla y tengas la sensación de haber visto la luz en eso que tanto necesitabas comprender. Pues algo así pasó conmigo en ese momento.

Reconocer mi merecimiento a partir de entonces y ponerme a trabajar acorde a ello fue mi primer paso. La tarea número 5, titulada «La pareja que mereces», fue el primer ejercicio que Lu me hizo hacer y **que te recomiendo que lo hagas con mucha conciencia y conexión**.

La segunda tarea, que ya fue de cultivo propio y nació desde la pura intuición, consistió en realizar una lista de todo aquello que «la nueva Corina merece», esa que ya nada tenía que ver con la Corina del pasado y con las que ya no quería seguir arrastrando las mismas experiencias.

Como has podido comprobar durante todo el trabajo realizado a través de las herramientas de este libro, escribir es uno de los rituales de sanación, liberación y manifestación más poderosos que existen en la faz de la tierra. A veces no basta con pensarlo o verbalizarlo. **Cuando existe algo con el peso suficiente en tu vida como para que le pongas tu foco y energía, entonces frena, dedícate un espacio de conexión contigo y plásmalo sobre el papel.** Ya sea porque reconoces una creencia o pensamiento que quieras dejar ir, ya sea porque hay algo en lo que te quieras focalizar, ya sea porque quieras manifestar y dar forma a tu futuro… Sea lo que sea, escríbelo, dibújalo y siéntelo. Escríbelo y permítete integrarlo con la experiencia. Pues de nada sirve si lo escribimos si a la hora de la verdad seguimos actuando como antes o no hacemos ningún cambio al respecto, por pequeño que sea.

Retomando mi tarea… Esta es la última que te mandaré en este libro. Te diré abiertamente que, para mí, a día de hoy, ha sido la más importante de todas. Quizás en su momento no supe el impacto que causaría en mí, pero ahora sí lo sé. Hoy, tras haber llevado a la experiencia esta tarea a través de esta historia de «amor y merecimiento» que he empezado a contarte. Tras que se haya manifestado y la haya podido vivir en carnes propias, hoy sí puedo comprender la importancia que ha tenido en mi vida haber aplicado esta tarea de enraizamiento y compromiso. Después de elegir vivir una larga temporada de soltería con la única intención de aprender a quererme y quererme bien, para no caer en brazos de quien no me merece, para no necesitar estar al lado de alguien por temor a cubrir mis propias necesidades, para reconstruir las heridas del pasado, para fortalecer mi estima hacía mí misma, cultivar mi autocuidado, forjar mi compromiso con mis propósitos y demostrarme a mí misma la capacidad de reinventarme una vez más…, puedo decir que sí, que esta fue sin duda la tarea más importante y compleja que he hecho hasta el momento.

Pues lo «fácil» será plasmar en papel lo que a continuación te voy a pedir que hagas. ¿Lo más difícil? Ser fiel a ese escrito y entrenar la autoestima, la fortaleza y el coraje suficiente para que, una vez que el universo empiece a enviarte pruebas en forma de personas que no cumplen con tu decreto, seas capaz de no repetir las mismas dinámicas, creencias y patrones anteriores. **Sin temor a no dejar entrar a nadie que no cumpla con tu lista de merecimiento, soltando la culpa, el remordimiento o la sensación de haber «dejado escapar» algo que solo existe en tu idealización.** Ahora sí, ¿qué te parece si empezamos?

TAREA 10: DECRETO DE AMOR PROPIO Y PAREJA CONSCIENTE

Ingredientes:
- Un momento de calma.
- Ganas de soltar.
- Un boli.

Te propongo que realices esta tarea en un momento de calma, es decir, sin prisa, estando sola y, a ser posible, tras haber hecho una breve meditación para conectar con tu intuición y tu conciencia superior antes de empezar.

No sé cuál es tu situación actual ni tu momento vital. No sé qué tan conectada estás ahora mismo con tu estado de merecimiento. Sea como sea, te diré que, si nace en ti una sensación de llanto, tristeza, melancolía, ira o vergüenza durante esta práctica, déjala salir. Es importante.

Para abrir espacio a lo nuevo, hay que dejar ir lo viejo, eso que ya no quieres que habite en ti. Para ello debes dejar salir esas emociones que aún habitan en tu cuerpo físico, emocional y espiritual. Para ello, permítete sentir cada emoción que se te presente. Llora si lo sientes y saca lo que tengas que sacar. No te asustes si de repente liberas mucho más de lo que creías, es totalmente normal. Recuerdo haber pasado horas liberando hasta caer exhausta en la cama y dormir como un bebé durante más de doce horas seguidas para que mi cuerpo pudiera recuperarse de la tremenda descarga energética que había liberado realizando este ejercicio.

Así que suelta, libera y deja ir. Permítete vaciar tu alma de aquello que ya no necesitas para llenarla de aquello que eleve tu vibración y te permita vivir en un estado de conexión elevado, donde tu vida se colme de amor, abundancia y merecimiento.

Esta práctica, al igual que todas las que te he propuesto en este libro, puede llevarte a experimentar una sensación de despertar. Una sensación de autoconocimiento y reconocimiento de ti misma que jamás habías experimentado antes. Puede llevarte a conectar con tu conciencia superior, un lugar donde de repente se enciende esa bombilla de la que te hablaba antes, esa que a mí también se me iluminó en tantas ocasiones durante la realización de varias prácticas (algunas de ellas expuestas en este preciado libro).

Ahora, y solo si sientes que es un buen momento, empezamos:

Ejecución:

PASO 1:
Saca tu diario emocional y haz una lista titulada «Mi lista de merecimiento».

Esta lista de merecimiento deberá abarcar con detalle todo lo que tú ya eres, haces y tienes y, por consiguiente, lo que tú ya ofreces y, por lo tanto, mereces. ¿Recuerdas la tarea 5 de la página 150? En ella pudiste entender que **no mereces menos de lo que ofreces y que jamás debes conformarte con aceptar menos de lo que tú ya eres, haces y tienes.** Del mismo modo, tampoco puedes pedir o reclamar a la otra persona aquello que no eres, haces o tienes.

Ahora te toca elaborar tu lista de merecimiento y llenarla de todo lo bueno que ya eres y que ya habita en ti. Escribe las características conforme te vayan llegando, sin filtros, lo que te venga. Sé honesta contigo y reconoce tus talentos, quién eres, qué cosas buenas tienes y haces por los demás. Descríbelo con detalle y pide ayuda de tus seres queridos si lo necesitas. Ellos ya ven lo bueno de ti, ahora te toca a ti reconocerlo. A continuación, te doy algunos ejemplos de mi propia lista para que te sirvan de guía:

- Soy una persona con gran empatía y sensibilidad.
- Soy una persona amorosa y amable, con predisposición a ayudar y a brindar lo mejor de mí a quienes sienta que lo merecen.
- Soy respetuosa en mis palabras y mis actos. Procuro comprender, escuchar y no juzgar, aunque no esté de acuerdo o no piense igual que la otra persona.
- Soy una persona positiva. Veo el lado bueno de todas las cosas y confío en todo lo bueno que está por venir.
- Soy una persona con energía elevada. No me quejo ni me victimizo por nada. Encuentro soluciones a las dificultades que la vida me pone por delante y las afronto con valentía y fortaleza. Soy fiel a mis valores y principios (aquí puedes detallar cuáles son).
- Soy honesta ante todo. Siempre voy con la verdad por delante y siendo fiel a mi palabra.
- Soy cercana, cariñosa y detallista. Protejo y cuido a quienes forman parte de mi vida.
- Soy trabajadora, constante y disciplinada en lo que me propongo.
- Tengo una comunicación asertiva. No falto el respeto. No insulto. Me expreso con educación y empatía.

- Actúo desde mi conexión con mi intuición (eso que me dicta el corazón), sin dejarme llevar por la avaricia, el interés o la conveniencia.
- Dedico mucho tiempo a estudiar, trabajar y desarrollar una conciencia elevada.
- Cuido de mi cuerpo y cultivo mi energía.
- Dedico tiempo a mi desarrollo personal.
- Dispongo de mi propia autonomía e independencia en todas las áreas de mi vida.
- Dispongo de estabilidad económica y tengo una relación sana con la energía del dinero.
- Mi salud es primordial. Dedico tiempo de calidad a mi autocuidado físico, mental y energético.
- Sé que quiero ser madre y sueño con formar una familia.

PASO 2:

Este paso consiste en escribir tu decreto. En el mundo espiritual, escribir un decreto es una orden al universo para tu futuro, tu presente y tu realidad.

A mí me gusta definirlo como un pacto de fiel compromiso con mi alma, como una sentencia «de mí para mí», donde tomo conciencia real de que algo va a cambiar o suceder de una forma u otra en mi vida. Decretar para mí es como una promesa de mi yo presente a mi yo futuro, donde plasmo, con mi propia firma y sello de compromiso, a qué voy a ser fiel a partir de ahora, cuáles son mis intenciones y hacia dónde me proyecto.

Pese a que nadie me enseñó a decretar, ya llevo decenas de decretos escritos, firmados, manifestados y materializados a lo largo de estos últimos años. Es una de las herramientas más poderosas que jamás he experimentado. No te voy a dar indicaciones exactas de cómo decretar, ya que no creo que exista una mejor forma de hacerlo que conectado con tu intuición y plasmando en papel lo que tu alma dicte expresar. Lo que sí que te daré son recomendaciones sencillas para que tengas en cuenta a la hora de redactar:

- Empieza tu decreto escribiendo tu nombre completo (con segundos nombres si es que los tienes y apellidos completos), tu fecha de nacimiento y la fecha del escrito.

«Yo, Corina Nadia Randazzo La Gamma, nacida el 25 de julio de 1991, hoy, día 30 de marzo de 2023, decreto...».

- También es importante que lo hagas en primera persona del presente, pues **la intención es que tú ya actúes y vivas como si lo plasmado en ese decreto ya fuese real**. No importa si aún no lo sientes así, lo importante es que tengas la total fe y confianza en que lo aquí plasmado va a venir a ti. Así que, pese a que te resulte complicado, es importante que actúes como si lo que escribes ya fuese un hecho irrefutable.
- Un decreto es un acto de manifestación muy poderoso, así que recuerda ponerlo en un lugar visible para que puedas recurrir a él y volver a leerlo las veces que lo necesites. **Cuanta mayor conciencia pongas a tu decreto en tu momento presente, antes podrás experimentar su poderoso resultado.**
- Recuerda que, cuando decretas, firmas un pacto de fiel compromiso con tu alma. Es decir, **debes actuar en correlación a lo pactado**. De nada sirve hacer promesas que luego no vas a cumplir, y menos si se trata de un decreto de fiel voluntad contigo misma. Así que cabe decir que es importante que actúes en consecuencia.

Dicho esto, si nunca antes has decretado, para que tengas una referencia e inspiración de cómo hacerlo, te comparto lo que fue mi propio «decreto de manifestación de amor propio y pareja consciente», el que yo misma redacté de mí para mí el día 30 de marzo de 2023.

Yo, Corina Nadia Randazzo La Gamma, nacida el 25 de julio de 1991, hoy, día 30 de marzo de 2023, decreto mi reconocimiento de amor propio y pareja consciente.

Hoy me abro a vivir el amor desde el reconocimiento de la mujer que soy. **Hoy me comprometo conmigo misma a aceptar cómo pareja solo a quien sienta que vibra tan alto, sano y bonito como lo hago yo.** A quien sea una buena persona. Una persona sana emocionalmente. Quien ya haya sanado sus heridas, o al menos esté en proceso de hacerlo. Alguien fiel y honesto con sus propios valores y principios. Alguien sincero, que sepa comunicarse desde un lugar amoroso. Alguien que disponga de independencia económica y esté conectado a su propósito. Alguien libre de juicio y cargas no resueltas. Alguien feliz que no me necesite y, sin embargo, me elija cada día porque juntos somos mejores. Alguien respetuoso con los demás seres humanos, amoroso con los animales y amistoso con el medioambiente. Alguien optimista y con ganas de formar familia. Alguien trabajador, con inteligencia emocional, liderazgo y compromiso en sus decisiones.

Hoy decreto que mi pareja representa todo aquello que yo soy, hago y tengo, pues reconozco todos mis esfuerzos y trabajo dedicados a cultivar mi amor propio. Reconozco que merezco recibir lo mismo que yo ofrezco y que no me conformaré con menos.

Hoy comprendo que el amor de pareja requiere de la escucha, la comunicación, la empatía y la honestidad como principios básicos. Hoy comprendo que, por mucho que alguien pueda gustarme, si nuestros valores y proyección de vida no están alineados, significa que no debo perder el tiempo, sino soltar y abrirme a encontrar a alguien con quien sí los comparta para vivir alineados en la misma dirección, ser un equipo y, sobre todo, vivir en coherencia con quien soy.

Hoy suelto los viejos amores, los viejos patrones, las viejas heridas, las viejas cargas y me abro a experimentar un amor nuevo, un amor real. Sin prisa, sin buscarlo, sin crear expectativas irreales, sin idealizaciones..., con una profunda fe en que el universo sabrá cuándo sea el lugar y el momento de nuestro encuentro.

Y, mientras el universo hace su trabajo, yo me comprometo a seguir disfrutando de la vida, viajando por el mundo en mi propia compañía, conectada a mi propósito de seguir arrojando semillas de luz, conciencia y amor en todo lo que decida crear, con un profundo deseo de seguir aprendiendo más sobre este complejo mundo en el que espero seguir muchos años.

Hoy reconozco mis progresos, mis logros y mis avances en ser una mejor versión de mí misma. Hoy siento un profundo amor por quien soy, aceptando y comprendiendo que, pese a que existen muchas cosas en las que quiero mejorar como ser humano, abrazo mis sombras, convivo con ellas y me abro a seguir aprendiendo de ellas desde un lugar sano y amoroso conmigo misma.

Gracias, gracias, gracias.

Hecho está.

Hecho está.

Hecho está.

Firmado:

Corina Nadia Randazzo La Gamma

Dos días después de crear mi decreto, un sábado día 1 de abril de 2023, en una cena a la que estuve a punto de no ir si no hubiera sido por mi hermana, que justo estaba de visita y quería hacer algún plan..., apareció él.

Como ya te he dicho, no fue amor a primera vista. Tampoco ocurrió nada del otro mundo esa noche. Sencillamente, hicimos buenas migas, le pedí su contacto (como buena leo que soy) y, a partir de ahí, surgió muy despacio, sin prisa pero sin pausa, una conexión muy sana y genuina que, poco a poco, fue ganando más importancia en la vida de ambos.

Al principio no caí para nada en que él pudiese ser la materialización y la prueba de mi decreto. **Sabía del poder** de los decretos, pero jamás se me había presentado una respuesta del universo tan inmediata. Además, reconozco que, en ese momento, como te comentaba al principio de la historia, me encontraba en un muy buen momento conmigo misma, diría que en uno de los mejores momentos de mi vida. Así que, pese a tenerlo delante, tampoco pude reconocerlo en su momento. Aquello requirió de tiempo…, de algunos meses, para ser exactos.

Tras ese encuentro, de una forma muy elegante y conquistadora, él me propuso vernos en varias ocasiones, pero yo «siempre tenía algo que hacer»… Lo escribo entre comillas porque, por una parte, así era. Me encontraba haciendo los últimos retoques a lo que sería mi primer libro (este que tienes en tus manos), trabajando mano a mano con mi hermana en la creación de los retiros de ese año y, a nivel personal, aún seguía integrando todo lo experimentado en mi último viaje de dos meses en furgoneta por las islas Canarias. Aquel fue el viaje más transformador de mi vida hasta el momento. Mi mente solo pensaba en acabar con las «responsabilidades» para volver a coger la maleta y largarme en compañía de mí misma. ¡Me moría de ganas de perderme entre escritos, carreteras, atardeceres y lugares nuevos!

Pero no era el momento. Mi hermana llevaba dos meses en mi piso cuidando de mis gatas para que yo pudiese irme de aventura, el libro requería de más tiempo, ya que tuvimos bastantes dificultades para autoeditarlo, y el resto de los proyectos requerían de dedicación después de tanto tiempo fuera. Así que, tras una conversación con el universo donde le expresé en alto algo así como: «Gracias, querido universo, pero vamos a tener que posponerlo», decidí centrarme en hacer todo lo que tocaba para acabar lo antes posible y, entonces sí, poder planificar mi próximo viaje.

Pues en ese momento estaba con muchas cosas encima y, a la vez, estaba muy entusiasmada con todo lo que estaba viviendo, así que mis ganas de sacar tiempo para terceros eran más bien escasas…

Pasaron varias semanas hasta que di mi brazo a torcer. El conquistador volvió de un viaje y me propuso que nos viéramos, y esta vez acepté. Le dije que disponía del rato de la comida, que luego tenía tarde de reuniones y que debía llegar pronto a casa. Su respuesta fue: «No te preocupes, yo me encargo de que así sea».

Quedamos. Él llevaba la comida. Unos *poke bowls* enormes de arroz y salmón. Nos subimos al coche y me dijo que me llevaría a un parque para que comiéramos con vistas. Y así fue. Pasamos un rato no muy largo comiendo y charlando sobre la vida. Esa fue lo que podría llamarse «nuestra primera cita». A partir de ese día, se sumaron bastantes más. Cada vez las citas eran más largas, pues de repente me apetecía sacar más tiempo para hacer planes juntos y él siempre tenía un sitio nuevo por ver o un plan interesante que proponerme. Lo dicho, todo un conquistador… Me gustaban nuestros planes. No siempre íbamos solos. A veces quedábamos con amigos que teníamos en común, otras veces me invitaba a hacer barbacoas con su grupo. Hacíamos caminatas, a veces cenábamos o improvisábamos algo en el último momento como excusa para vernos.

Durante todos estos encuentros, nuestro lazo se fue estrechando. Al menos yo lo sentí así. Con el tiempo, se fue forjando una sensación muy bonita en mí que hacía mucho tiempo que no había vuelto a sentir. Al menos no en compañía de alguien.

La sensación de haber sido envuelta en un espacio de seguridad muy profundo donde poder ser yo en mi total plenitud. Un espacio seguro donde poder abrirme en canal, expresar mis vulnerabilidades sin sentirme juzgada ni analizada en ningún momento y desde un lugar de mucha apertura. Se trataba de la misma sensación de seguridad y paz mental que solo era capaz de sentir estando yo sola en compañía de mí misma, mis gatas, mis viajes, mis escritos y mis libros, pero jamás en compañía de alguien. **Como si de repente, sin saberlo, existiese un espacio nuevo donde poder «caer», soltar las máscaras, los juicios, incluso los pensamientos.** Un espacio que, lejos de producirme endorfinas, dopamina y mariposas en la barriga (todo eso que nos han vendido como reflejo de «amor»), me transmitía la sensación más pura, hermosa y única, la que te indica que estás en el camino correcto: calma.

Fue en esa cita. En ese banco de madera de ese bar en ese parque cerca de mi casa cuando lo supe. No supe que nos enamoraríamos. Tampoco supe que él era la respuesta a mi decreto, ni que se generaría ese espacio de seguridad a su lado. En ese momento, no supe que al poco tiempo nos embarcaríamos en un proyecto de vida juntos, ni que acabaríamos construyendo un hogar junto a mis gatas, mis libros, mis viajes y mis escritos. En ese momento, no supe todas estas cosas.

Lo que sí supe en aquel momento es que se trataba de un reencuentro de él mismo con su yo más evolucionado y de mí misma con mi yo más evolucionado. Un reencuentro entre dos almas reconstruidas, conectadas con su ser más auténtico, libres, emocionalmente estables y seguras, con un corazón reconstruido y, lo más importante, abiertas a conectar con el mundo y entre ellas desde un lugar puro, sano, honesto y auténtico.

Porque tu mayor responsabilidad con la vida es amarte a ti misma para reconocer que eres suficiente. Y, desde ahí, desde esa libertad, desde ese no apego hacia los demás, desde ese compromiso genuino y auténtico con tu ser, elegir expandir tu amor junto al otro. Alguien que ofrezca como mínimo aquello que tú ya das.

Corina Randazzo

Ahora sí, me despido. O, mejor dicho, ¡hasta pronto!

Mis mayores deseos para ti. Para que este proceso autoterapéutico en el que has decidido embarcarte con este libro te acompañe y te brinde todo el apoyo, la compañía y la comprensión que todas sus prácticas me dieron a mí en su momento.

De corazón, escrito desde el alma, ¡hasta pronto!

Corina Nadia Randazzo La Gamma

Los 10 mandamientos

1. **¡Elijo quién forma parte de mi vida y quién no!** Pretender encajar o caer bien a todos es un grandísimo error... Rodearme de quienes se ganen el derecho a formar parte de mi vida es una sabia decisión.

2. **¡Vivo un compromiso inquebrantable conmigo misma!** Si quiero que los demás me tomen en serio, primero lo haré yo con mis propias decisiones, propósitos y metas.

3. **¡Me resulta fácil y natural decir «no» a todo aquello que me aleje de quien soy!** No formaré parte de nada que me aleje de quien soy, de mi esencia y de mis valores. Esto implica trabajos, relaciones y amistades.

4. **¡Elijo sabiamente el entorno que habito!** Soy la media de las cinco personas con las que más tiempo comparto, yo decido en quién quiero convertirme. Elijo bien mi entorno y atravieso el miedo a cambiarlo siempre que lo sienta necesario.

5. **¡Mi cuerpo es mi templo!** Acepto la obligación de cuidar de él y de darle aquello que lo mantenga sano, fuerte y enér-

gico. Me cuido, me mantengo en forma y me alimento sanamente para fortalecer mi salud, mi autoestima y, con ello, mi paz mental.

6. **¡Elijo no cargar con las mochilas de otros, me responsabilizo de mis propias decisiones, pensamientos y acciones!** Ya no cargo con «pesos» y «responsabilidades» que no formen parte de mí.

7. **¡Disfruto de mi propia compañía y soy mi mejor amiga!** Aprendo a estar sola para dejar de sentirme incompleta. Disfruto de mis ratos conmigo, no dependo de nadie para hacer aquello que me gusta, para visitar lugares nuevos o salir a cenar a mi restaurante favorito. Dedico tiempo a escucharme, gozo de mi compañía y me he convertido en mi mejor amiga, mi lugar seguro, mi hogar sagrado.

8. **¡Vivo aquí y ahora!** Estoy aquí y ahora el máximo tiempo posible. Dejo de vivir anclada al pasado o preocupada por el futuro, pues no pierdo tiempo con aquello que no está en mis manos. Cada día soy más consciente de vivir cada momento, agradecida de lo que tengo y valorando los pequeños detalles del día a día.

9. **¡Los únicos zapatos que puedo ocupar son los míos!** Esto implica que elijo no perder mi tiempo comparándome ni idealizando la vida de nadie. Acepto quién soy, me muestro honesta conmigo y vivo siendo auténtica. No hay belleza que supere ver a una mujer mostrándose tal cual es sin temor a la opinión ajena.

10. **¡Soy bondadosa con el mundo y recibo la bondad del mundo!** Esto implica que ayudo a quienes lo necesitan, transmito mis enseñanzas a quienes me eligen como su referente y alimento la conciencia humana haciendo un buen uso y cuidado del mundo tan hermoso en el que vivo. Cuido el agua, protejo la naturaleza.

Este libro se terminó de imprimir
en el mes de septiembre de 2024.